KB090424

항공중국어

이동희 · 녕수연 공저

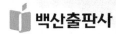 백산출판사

머리말

　글로벌시대의 항공사 승무원에게 요구되는 핵심역량은 다국적 사람들과의 의사소통, 다문화에 대한 이해, 기내에서 일어나는 다양한 상황에 대한 적절한 대처능력이라고 할 수 있습니다. 그중에서도 승객들과의 원활한 의사소통은 수준 높은 서비스를 실행하는 데 필수불가결한 요건이라 할 수 있습니다. 최근 세계 항공시장의 현황을 살펴보면, 중국항공시장의 성장률은 최고치에 달하고 있고, 중국의 경제성장과 더불어 중국인 승객의 비중이 커지고 있습니다. 이와 같이 기내에서 중국어로 중국인 승객에게 서비스해야 할 상황이 많아지고 있으나, 아직은 기내에서 필요한 수준의 중국어를 구사하는 승무원은 많지 않은 상황입니다.

　이 책은 국내외 항공사에 지원하는 학생이나 현재 항공사에서 근무하는 승무원들이 중국인 승객에게 원활한 서비스를 수행할 수 있도록 돕기 위하여 집필하였습니다.

　Part 1 기초 중국어에서는 중국어 발음과 성조, 중국어 기본 문형, 인사말, 시간, 숫자 읽는 법 등 항공실무중국어를 학습하기 위한 중국어 기초 표현으로 구성하였습니다.

　Part 2 항공실무중국어에서는 승객 탑승부터 이륙 전 업무, 기내에서의 다양한 서비스에 필요한 대화, 착륙준비와 착륙 등의 다양한 상황에서의 고객서비스 시에 빈번하게 사용되는 중국어 회화로 구성하였습니다.

Part 3 기내방송은 승객이 알아야 할 사항에 대한 안내와 기타 정보를 제공하는 내용 등을 담은 상황별 중국어방송문으로 구성하였습니다. 방송문의 내용은 중국어, 한국어, 영어를 같이 실었으며, 현재 중국의 주요 항공사, 한국의 주요 항공사, 미국의 주요 항공사에서 실제로 사용되는 기내방송문을 참조로 재구성하여 현장감을 살렸습니다.

이 교재(『항공중국어』)는 항공사에 지원하는 학생들이 글로벌시대의 서비스 전문가로서 필요한 역량은 물론 중국인 승객과의 원활한 소통을 가능하게 하여 기내서비스 향상에 도움을 줄 수 있을 것입니다. 또한 중국인 승객이 많은 상황에서 항공사의 요구에 부응하여 항공승무원을 지망하는 학생들이 중국어 의사소통능력을 쌓아 항공사 취업에도 큰 도움이 될 것으로 기대해 봅니다.

2017년 2월

저자 이동희 · 여수연

차례

PART 2 항공실무중국어

PART **3** 기내방송

항공중국어

PART **1**

기초 중국어

I. 발음

 한어병음이란?

    1958년 중국 정부는 중국어 발음을 보다 쉽게 표기하기 위해 라틴자모를 공식적으로 채택하여 한자의 발음을 표기하였는데, 이를 "한어병음(汉语拼音)"이라 하며 일반적으로 "병음"으로 약칭한다.

    병음에 의해 표기되는 중국어의 음절은 기본적으로 성모(声母), 운모(韵母), 성조(声调)의 세 가지 요소로 이루어진다.

1. 성모(声母)

성모는 발음부위와 발음방법에 따라 다음과 같이 분류할 수 있다.

양순음(双唇音)	b	p	m		[o]
순치음(唇齿音)	f				[o]
설첨종음(舌尖中音)	d	t	n	l	[e]
설근음(舌根音)	g	k	h		[e]
설면음(舌面音)	j	q	x		[i]
설첨후음(舌尖后音)	zh	ch	sh	r	[−i]
설첨전음(舌尖前音)	z	c	s		[−i]

2. 운모(韵母)

운모는 일반운모와 결합운모로 구분할 수 있다.

일반 운모	단운모(单韵母)	a	o	e	i	u ü
	복운모(夏韵母)	ai	ei	ao	ou	
	비운모(鼻韵母)	an	en	ang	eng	ong
	권설운모(卷舌韵母)			er		
결합 운모	제치음(齐齿音)	ia	ie	iao	iou (−iu)	ian
		in	iang	ing	iong	
	합구음(合口音)	ua	uo	uai	uei (ui)	uan
		uen(−un)		uang	ueng	
	촬구음(撮口音)	üe	üan	ün		

3. 성조(声调)

성조는 음절에서 음의 높낮이로서 성조가 달라지면 뜻도 달라진다. 중국어 표준어는 4가지 성조와 성조가 붙지 않고 짧고 약하게 읽히는 "경성(轻声 qīngshēng)"으로 이루어 져 다섯 가지의 음이 있다.

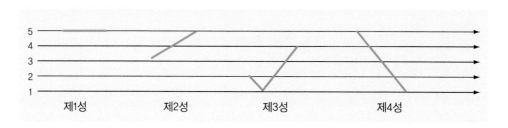

제1성 처음부터 끝까지 높은 음으로 소리를 낸다. 성조표시는 모음 위에 '－'로 나 타낸다.

예 妈 mā 어머니

제2성 중간부터 시작하여 높은 음으로 올라간다. 성조표시는 모음 위에 ' / '로 나타 낸다.

예 麻 má 삼베

제3성 낮은 음에서 시작하여 더 낮은 최저음으로 떨어졌다가 다시 살짝 끌어올린다.

예 马 mǎ 말

제4성 가장 높은 음에서 가장 낮은 음으로 급강하며 소리를 낸다.

예 骂 mà 욕하다

경성 발음의 편의를 위해 본래의 성조를 잃고 짧고 가볍게 소리를 낸다.

예 吗 ma ~입니까?

4. 성조의 표기법

1) 하나의 음절에 모음이 하나일 경우 성조는 모음 위에 표기하는데, 두 개 이상의 모음으로 구성된 음절의 경우 우선순위를 두어 표기하고 그 순위는 다음과 같다.

$$a > o > e > i, u, ü$$

예 máo, qiā, chǒu

2) i, u, ü가 함께 나올 경우에는 뒤에 있는 모음 위에 성조 표기한다.

예 shuí, jiǔ

3) 'i' 위에 성조를 표시하는 경우 'i' 위에 있는 점을 빼고 성조를 표시한다.

예 bǐ, pí, mǐ

4) **격음부호**

a, o, e로 시작하는 음절이 다른 음절의 뒤에 이어서 쓰일 경우, 음절 간의 경계를 분명하게 하려고 앞에 별도의 격음부호[ˈ]를 사용한다.

예 zhàng'ài

5) 경성은 성조표기를 하지 않는다.

예 xièxie

5. 중국어 음절의 구조

1) 성모(声母) + 운모(韵母)

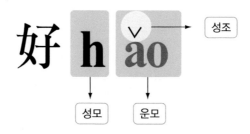

2) 운모(韵母) 단독으로

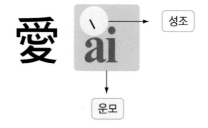

Ⅱ. 한자와 한어

1. 중국어의 특징

1) 중국어는 고립어에 속한다.

2) 성조언어로서 성조가 다르면 다른 말이 되므로 성조를 잘 구분하도록 한다.

2. 중국어 기본 문형 구조

주어 + 술어

중국어 문장은 주어와 술어로 구성되는데, 주어는 명사나 대명사가 주이고, 술어는 주로 명사, 동사, 형용사, 술어의 네 가지로 분류할 수 있다.

1) 명사술어문

명사가 서술어 역할을 할 때

기본구성은 "주어 + 是 + 명사"로 이루어져 있다.

① A是B。(긍정)

我是中国人。　　　나는 중국 사람입니다.

Wǒ shì ZhōngGuó rén.

② A不是B。(부정)

我不是学生。　　　나는 학생이 아닙니다.

Wǒ bú shì xuésheng.

③ A是B吗？(의문)

你是学生吗？　　　당신은 학생입니까?

Nǐ shì xuésheng ma?

④ A是不是B？(정반의문)

你是不是学生？　　당신은 학생이 아닙니까?

Nǐ shì bú shì xuésheng?

⑤ A是B的。(분류와 강조)

这本书是我的。　　이 책은 제 것입니다.

Zhè běn shū shì wǒ de.

2) 동사술어문

동사가 서술어 역할을 할 때

기본구성은 "주어 + 동사 + (목적어)"로 이루어져 있다.

我吃饭。　　　　　　　(나는) 밥을 먹습니다.
Wǒ chī fàn.

我去学校。　　　　　　(나는) 학교에 갑니다.
Wǒ qù xuéxiào.

我学习汉语。　　　　　(나는) 중국어를 배웁니다.
Wǒ xuéxí hànyǔ.

3) 형용사술어문

형용사가 서술어 역할을 할 때

你很漂亮。　　　　　　(당신은) 정말 예쁩니다.
Nǐ hěn piàoliàng.

今天很热。　　　　　　오늘은 너무 덥습니다.
Jīntiān hěn rè.

学生很多。　　　　　　학생이 많아요.
Xuésheng hěn duō.

4) 주술술어문

문장의 구성이 "주어 + 술어(주어 + 술어)"의 형태

我身体好。 (저의) 건강은 좋습니다.
Wǒ shēngtǐ hǎo.

我工作忙。 (저는) 일로 바쁩니다.
Wǒ gōngzuò máng.

那位医生态度很好。 그 의사선생님(의 태도는) 매우 좋아요.
Nà wèi yīshēng tàidù hěn hǎo.

Ⅲ. 기초 표현

1. 인사말

1) 일상적인 인사말

A :	你好！	안녕하세요?
	Nǐ hǎo!	
B :	你好！	네, 안녕하세요?
	Nǐ hǎo!	

[주] 일상적인 인사말이다. 시간, 장소, 신분에 관계없이 언제나 사용할 수 있다.
상대방도 '你好'로 대답한다.

A: 你好吗？　　　　　　　안녕하시지요?
　　Nǐ hǎo ma?

B: 我很好，你呢？　　　네, 저는 좋습니다. 당신은요?
　　Wǒ hěn hǎo, nǐ ne?

A: 我也很好，谢谢！　　저 또한 좋습니다. 감사합니다.
　　Wǒ yě hěn hǎo, xièxie !

[주] '您'은 '你'의 존칭으로 나보다 연배가 높은 사람이나 공손하게 대해야 할 사람에게 쓰인다.

A: 您好！　　　　　　　(윗분에게) 안녕하십니까?
　　Nín hǎo!

B: 您好！　　　　　　　안녕하십니까?
　　Nín hǎo!

[주] ① '你好吗?'는 상대방의 상황이나 근황을 묻는 인사말로서, 일반적으로 이미 알고 있는 사이에 사용한다.
② 어기조사 '呢'는 '~는요?'로 해석한다.

2) 여러 사람에게 하는 인사말

你们好！
Nǐmen hǎo!

(여러분에게) 안녕하세요?

大家好！
Dàjiā hǎo!

여러분 안녕하세요?

3) 시간에 따른 인사말

早上好！
Zǎoshang hǎo!

(아침 인사) 안녕하세요?

晚上好！
Wǎnshang hǎo!

(밤 인사) 안녕하세요?

上午好！
Shàngwu hǎo!

(오전 인사) 안녕하세요?

中午好！
Zhōngwu hǎo!

(점심 인사) 안녕하세요?

下午好！
Xiàwu hǎo!

(오후 인사) 안녕하세요?

A : 晚安！ 　　　　　　평안한 밤 되세요.
Wǎn'ān!

B : 晚安！ 　　　　　　평안한 밤 되세요.
Wǎn'ān!

4) 자주 쓰이는 표현

A : 谢谢！ 　　　　　　감사합니다.
Xièxie!

B : 不用谢！（不客气！） 아닙니다. 별말씀을요.~
Búyòng xiè! (Búkèqi！)

A : 对不起！ 　　　　　　죄송합니다.
Duìbuqǐ!

B : 没关系！ 　　　　　　괜찮습니다.
Méiguānxi!

2. 중국어의 인칭대사

　인칭대사란, 사람이나 사물의 명칭을 대신해서 가리키는 말로 중국어에서는 인칭대사를 한국어보다 많이 사용하는 편이다.

1) 1인칭

- **단수**: 我 (wǒ, 나)
- **복수**: 我们/咱们 (wǒmen/zánmen, 우리)

2) 2인칭

- **단수**: 你/您 (nǐ/nín, 너/당신)
- **복수**: 你们 (nǐmen, 너희/당신들)

3) 3인칭

- **단수**: 他/她/它 (tā 그/그녀/그것)
- **복수**: 他们/她们/它们 (tāmen 그들/그녀들/그것들)

[주] '您'는 '你'의 존칭어로 복수형은 '你们'으로 따로 존칭을 하지 않는다.

3. 중국어의 지시대사

중국어의 지시대사에는 '这'와 '那'이 있다. 시간적·공간적·심리적으로 가까운 것은 '这'로 가리키고, 반대로 먼 것을 '那'로 가리킨다.

1) 사물, 사람

- **근칭**: 这 (zhè 이)
  这个 (zhège 이것)
  这些 (zhèxiē 이것들, 이 사람들)

- **원칭**: 那 (nà 그)
  那个 (nàge 그, 그것, 저, 저것)
  那些 (nàxiē 그것들, 그 사람들)

2) 장소

- **근칭**: 这儿/这里 (zhèr/zhèli 여기)
- **원칭**: 那儿/那里 (nàr/nàli 저기)

3) 정도, 성질

- **근칭** : 这么/这样 (zhème/zhèyàng 이렇게)
- **원칭** : 那么/那样 (nàme/nàyàng 저렇게)

[주] 지시대사는 문장에서 명사를 지시할 때 정해진 어순이 있다.

지시대사 + (수사) + 양사 + 명사

这   + (一) + 本 + 书

4. 중국어의 의문대사

의문대사를 사용한 의문문의 어순은 평서문과 같다. 사람, 사물에 대한 질문은 의문대사 '什么、谁、哪(어느, 어떤)'를 사용하며, 수량에 대한 질문은 '几、多少'를 사용하며, 장소나 위치에 대한 질문은 '哪儿(어디)'를 사용한다.

什么 (shénme 무엇)

- **의문문** : 这是什么？   이것은 무엇입니까?

  Zhè shì shénme?

■ **평서문** : 这是苹果。　　　　이것은 사과입니다.
　　　　　　　Zhè shì píngguǒ.

谁 (shuí 누구)

■ **의문문** : 她是谁？　　　　　그분은 누구십니까?
　　　　　　　Tā shì shuí?

■ **평서문** : 她是老师。　　　　그분은 선생님이십니다.
　　　　　　　Tā shì lǎoshī.

哪 (nǎ　어느, 어떤)

■ **의문문** : 你要买哪件衣服？어떤 옷을 사시겠습니까?
　　　　　　　Nǐ yào mǎi nǎ jiàn yīfu?

■ **평서문** : 我要买这件衣服。저는 이 옷을 사려고 합니다.
　　　　　　　Wǒ yào mǎi zhè jiàn yīfu.

几 (jǐ　몇)

■ **의문문** : 她几岁？　　　　　그는 몇 살인가요?
　　　　　　　Tā jǐ suì?

■ **평서문** : 她六岁。　　　　　여섯 살입니다.
　　　　　　　Tā liù suì.

多少 (duōshǎo   얼마나)

- **의문문** : 这里有多少人？   여기 몇 분인가요?
  Zhèli yǒu duōshǎo rén?

- **평서문** : 这里有二十个人。 여기 20명입니다.
  Zhèli yǒu èrshí gè rén.

哪儿 (nǎr   어디)

- **의문문** : 老师在哪儿？   선생님 어디 계신가요?
  Lǎoshī zài nǎr?

- **평서문** : 老师在教室。   선생님께서는 교실에 계십니다.
  Lǎoshī zài jiàoshì.

5. 중국어의 숫자

영 零 líng	일 一 yī	이 二 èr	삼 三 sān	사 四 sì
오 五 wǔ	육 六 liù	칠 七 qī	팔 八 bā	구 九 jiǔ
십 十 shí	백 百 bǎi	천 千 qiān	만 万 wàn	억 亿 yì

1) 중국어에서는 백, 천, 만 단위의 숫자가 1일 경우, 1을 반드시 읽는다.

- 130 → 一百三十
   yìbǎi sānshí

- 1,500 → 一千五百
   yìqiān wǔbǎi

- 14,500 → 一万四千五百
   yíwàn sìqiān wǔbǎi

2) 2 뒤에 양사가 오면, '二(èr)' 대신 '两(liǎng)'으로 쓴다. 단지 두 자리 이상의 수와 서수일 경우에는 2 뒤에 양사가 오더라도 그대로 쓰고 읽어준다.

- 两个人　　　　　두 사람
   liǎng gè rén

- 二十二个人　　　스물두 사람
   èrshí'èr gè rén

- 第二个人　　　　두 번째 사람
   dì'èr gè rén

3) 중국어에서는 서수를 나타낼 때 숫자 앞에 '第(dì)'를 사용하면 된다.

- 第一课 (dì yī kè)　　제 1 과

4) 중국어에서 수사는 단독으로 명사를 수식할 수 없으며, 양사와 같이 사용해야 한다.
올바른 어순은 다음과 같다.

- 수사 + 양사 + 명사
  一 + 个 + 人　(yí gè rén)

6. 시간에 관한 표현

중국어에서 시간에 관한 표현을 할 때 숫자 이외에 기본적으로 사용하는 단어는 다음
과 같다.

点 (diǎn 시)　　　分 (fēn 분)　　　秒 (miǎo 초)

半 (bàn 반)　　　刻 (kè 십오분)　　　差 (chà 모자라다)

2:00	两点 liǎng diǎn	两点整 liǎng diǎn zhěng
2:05	两点五分 liǎng diǎn wǔ fēn	两点零五分 liǎng diǎn líng wǔ fēn
2:15	两点十五分 liǎng diǎn shíwǔ fēn	两点一刻 liǎng diǎn yí kè
2:30	两点三十分 liǎng diǎn sānshí fēn	两点半 liǎng diǎn bàn
2:45	两点四十五分 Liǎngdiǎn sìshíwǔ fēn	差一刻三点 chà yí kè sān diǎn
2:55	两点五十五分 liǎng diǎn wǔshí wǔ fēn	差五分三点 chà wǔ fēn sān diān
12:00	十二点 shí'èr diǎn	

7. 연, 월, 일, 요일에 관한 표현

✪ **연** : 각각의 숫자를 하나하나 읽고, 숫자 뒤에 '年(nián)'을 붙여주면 된다.

> - 1998年 　一九九八年 　yī jiǔ jiǔ bā nián
> - 2017年 　二零一七年 　èr líng yī qī nián

✪ **월** : 1~12까지의 숫자를 읽고, 숫자 뒤에 '月(yuè)'를 붙여주면 된다.

一月	二月	三月	四月
yī yuè	èr yuè	sān yuè	sì yuè
五月	六月	七月	八月
wǔ yuè	liù yuè	qī yuè	bā yuè
九月	十月	十一月	十二月
jiǔ yuè	shí yuè	shíyī yuè	shí'èr yuè

✪ **일** : 1~31까지의 숫자를 읽어주고 숫자 뒤에 '号/日(hào/rì)'을 붙여주면 된다.

> - 25일 → 二十五号 (日) 　èrshí wǔ hào (rì)

[주] '日'는 문어체이며, '号'는 구어에서 많이 쓰인다.

⁜ 요일 : 월요일부터 토요일까지는 '星期 (xīngqī)' 뒤에 숫자 '一'에서 '六'까지 붙여
준다. 일요일은 '星期(xīngqī)' 뒤에 '天(tiān)'이나 '日(rì)'을 붙이면 된다.

월요일	화요일	수요일	
星期一	星期二	星期三	
xīngqī yī	xīngqī'èr	xīngqī sān	
목요일	금요일	토요일	일요일
星期四	星期五	星期六	星期日 (天)
xīngqī si	xīngqī wǔ	xīngqī liù	xīngqī rì(tiān)

8. 시간 묻기

⁂ 几

▪ 现在几点？ 현재(지금) 몇 시인가요?
  Xiàn zài jǐ diǎn?

▪ 现在十二点半。 지금 12시 반입니다.
  Xiàn zài shí'èr diǎn bàn.

⁂ 什么时候

▪ 飞机什么时候到？ 비행기는 몇 시에 도착합니까?
  Fēijī shénme shíhòu dào?

■ 飞机下午三点半到。　　　비행기는 오후 3시 반에 도착합니다.
Fēijī xiàwu sāndiǎn bàn dào.

9. 날짜 묻기

几

■ 今天几月几号？　　　오늘은 몇 월 며칠인가요?
Jīntīan jǐ yuè jǐ hào?

■ 今天十二月十五号。　　　오늘은 12월 15일입니다.
Jīntiān shí ̉ èr yuè shíwǔ hào.

10. 요일 묻기

几

■ 今天星期几？　　　오늘은 무슨 요일인가요?
Jīntiān xīngqī jǐ?

■ 今天星期四。　　　오늘은 목요일입니다.
Jīntīan xīngqī sì.

11. 이름 묻기

1) 처음 만난 사람에게 성씨를 공손하게 묻는 표현이다. 대답할 때는 '我姓～'라고 한다.

A : 您贵姓？　　　성씨가 어떻게 되세요?
　　Nín guì xìng?

B : 我姓李。　　　저의 성은 이씨입니다.
　　Wǒ xìng lǐ.

2) 윗사람이 아랫사람에게, 또는 제3자의 성씨를 물을 때는 '什么'을 사용한다.

A : 你姓什么？　　　성함이 어떻게 되세요?
　　Nǐ xìng shénme?

B : 我姓王？　　　저는 왕(씨)입니다.
　　Wǒ xìng wáng.

A : 她姓什么？　　　그는 성씨가 무엇입니까?
　　Tā xìng shénme?

B : 她姓张。　　　그는 장씨입니다.
　　Tā xìng zhāng.

3) 사람의 이름을 물을 때는 '你叫什么名字？'라고 한다. 대답할 때는 '我叫~'

라고 한다.

A : 你叫什么名字？ 이름이 뭔가요?

Nǐ jiào shénme míngzi?

B : 我叫李明。　　　저는 이명이라고 합니다.

Wǒ jiào Lǐmíng.

12. 나이 묻기

1) 열 살 미만의 아이에게

A : 你几岁？ 　　　　몇 살이니?

Nǐ jǐ suì?

B : 我六岁。 　　　　저는 여섯 살입니다.

Wǒ liù suì.

2) 나이가 비슷한 사람에게

A : 你今年多大？　올해 나이가 몇 살이에요?
Nǐ jīnnián duō dà?

B : 我今年三十岁。　저는 올해 서른 살입니다.
Wǒ jīnnián sānshí suì.

3) 연세가 많은 어른에게

A : 您多大年纪？　올해 연세가 어떻게 되세요?
Nín duōdà niánjì?

B : 我今年六十岁。　나는 60살입니다.
Wǒ jīnnián liùshí suì.

13. 가족 수를 묻는 표현

 几

你家有几口人？
Nǐ jiā yǒu jǐ kǒu rén?

가족이 몇 분이세요?

我家有三口人。
Wǒ jiā yǒu sān kǒu rén.

저는 가족이 3명입니다.

都有谁？
Dōu yǒu shuí?

누구누구세요?

有爸爸、妈妈和我。
Yǒu bàba、māma hé wǒ.

아버지, 어머니, 그리고 저입니다.

14. 주소나 위치 물어보기

 哪儿

A : 我的座位在哪儿？
Wǒ de zuòwèi zài nǎr?

제 자리는 어디입니까?

B : 你的座位在这儿。　　당신 자리는 여기입니다.

Nǐ de zuòwèi zài zhèr.

A : 老师在哪儿？　선생님은 어디 계세요?

Lǎoshī zài nǎr?

B : 老师在教室。　선생님은 교실에 계십니다.

Lǎoshī zài jiàoshì.

15. 직업 묻기

什么

A : 您做什么工作？직업이 무엇인가요?

Nín zuò shénme gōngzuò?

B : 我是一名乘务员。　저는 항공승무원입니다.

Wǒ shì yì míng chéngwù yuán.

16. 국적 묻기

 哪

A : 您是哪国人？   국적이 어떻게 되세요?
Nín shì nǎ guó rén?

B : 我是韩国人。   저는 한국 사람입니다.
Wǒ shì HánGuó rén.

17. 가격에 대해 물어보기

 多少钱

A : 这种香水多少钱一瓶？   이 향수 얼마입니까?
Zhè zhǒng xiāngshuǐ duōshao qián yì píng?

B : 三百五十块一瓶。   1병에 350원입니다.
Sānbǎi wǔshí kuài yì píng.

PART **2**

항공실무중국어

Ⅰ. 탑승안내업무 登机服务

PART 2. 항공실무중국어

1. 탑승안내 登机引导

1) 탑승구에서 안내

 중국어 실무표현

◉ 您好, 欢迎您乘坐本次航班！

　　Nín hǎo, huānyíng nín chéngzuò běncì hángbān!

◉ 请让我看一下您的登机牌。

　　Qǐng ràng wǒ kàn yíxià nín de dēngjīpái.

◉ 您的座位在客舱后面, 请往这边走。

　　Nín de zuòwèi zài kècāng hòumiàn, qǐng wǎng zhèbiān zǒu.

◉ 通道上的乘客请让一下,

　　Tōngdào shàng de chéngkè qǐng ràng yíxià,

　　好让其他乘客走过去。

　　hǎo ràng qítā chéngkè zǒu guòqù.

한국어 실무표현

◉ 안녕하십니까. 탑승을 환영합니다.

◉ 탑승권을 보여주십시오.

◉ 손님, 좌석은 객실 뒤편에 있습니다. 이쪽입니다.

◉ 통로에 계신 승객은 다른 승객이 지나갈 수 있도록 잠시만 양보해 주십시오.

乘务员：您好，欢迎您乘坐本次航班！
Nínhǎo, huānyíng nín chéngzuò běncì hángbān!

请让我看一下您的登机牌。
Qǐng ràng wǒ kàn yíxià nín de dēngjīpái.

乘　客：给您。
Gěi nín.

乘务员：您的座位在客舱后面，
Nín de zuòwèi zài kècāng hòumiàn,

请往这边走。
qǐng wǎng zhèbiān zǒu.

······

乘务员：通道上的乘客请让一下，
Tōngdào shàng de chéngkè qǐng ràng yíxià,

好让其他的乘客走过去。
hǎo ràng qítā de chéngkè zǒu guòqù.

乘　客：谢谢。
Xièxie.

乘务员：不客气！
Búkèqi!

회화

승무원 : 안녕하십니까? 탑승해 주셔서 감사합니다.

      탑승권을 보여주십시오.

승   객 : 여기에 있습니다.

승무원 : 손님, 좌석은 객실 뒤편에 있습니다.

      이쪽입니다. (손으로 가리키며)

      ......

승무원 : 통로에 계신 승객은 다른 승객이 지나갈 수 있도록 잠시만 양보해

      주십시오.

승   객 : 감사합니다.

승무원 : 아닙니다.

◀◀◀ 단어 익히기

欢迎 huānyíng 환영하다

乘坐 chéngzuò (비행기 등을) 타다

本次 běncì 금회, 이번

航班 hángbān 항공편

请 qǐng 청하다

让 ràng ~하게 하다/~하도록 시키다

看 kàn 보다

一下 yíxià 한번(동사 뒤에 '좀 ~해 보다')의 뜻을 나타냄

登机牌 dēngjīpái 탑승권

座位 zuòwèi 좌석

客舱 kècāng (배나 비행기의) 객실, 선실

后面 hòumiàn 뒤, 뒷면

往 wǎng ~쪽으로, ~을 향해

这边 zhèbiān 이쪽

走 zǒu 걷다

通道 tōngdào 통로

乘客 chéngkè 승객

其他 qítā 기타, 다른 사람(사물)

过去 guòqù 지나가다

표현 익히기

① 让

'让'를 이용한 문장은 상대방에게 어떤 일을 하도록 요구하는 의미가 있다.

- **让我看一下。**　　　제가 한 번 봐도 될까요?
  Ràng wǒ kàn yíxià.

② 一下

'一下'는 '좀 ~해 보다'라는 뜻으로 동사 뒤에 쓰여 동작이 진행된 시간이 짧거나 자연스럽게 이루어짐을 나타낸다.

- **我看一下。**　　　제가 한 번 볼까요?
  Wǒ kàn yíxià.

③ 往 ~쪽으로, ~을 향해

'往'는 뒤에 방위 명사로 쓰여, 동작이 진행되는 방향을 나타낸다.

- **请往前走。**　　　앞쪽으로 가주세요.
  Qǐng wǎng qián zǒu.

乘坐本次航班　　光临

1 欢迎 _____。

(_____)

2 欢迎 _____。

(_____)

护照　　签证

1 请让我看一下您的 _____。

(_____)

2 请让我看一下您的 _____。

(_____)

★ 중국

정식명칭은 중화인민공화국(中華人民共和國, 약칭 중국)은 유라시아 대륙의 동남부에 위치한다. 중국의 국토 면적은 러시아 · 캐나다에 이어 세계에서 3번째로 넓고, 중국의 황하문명은 세계 4대 문명중 하나이다. 인구는 13억 5천만 명으로 세계 최대이며, 화폐 단위는 위안(¥)이다.

총면적 약 960만㎢로 티베트 고원을 포함하며 쿤룬 산맥, 히말라야 산맥이 국경을 이룬다. 큰 강 양쯔강과 황허 강이 황해로 흐른다. 행정구역은 23성, 5자치구, 4직할시, 2특별행정구(홍콩, 마카오)로 되어 있다.

중국은 1912년 청나라를 끝으로 수천 년의 봉건왕조를 마감하고 공화국 정부가 선포되었다. 마오쩌둥이 이끄는 공산당이 대장정의 고난을 겪은 끝에 국민당과의 내전에서 승리해 1949년 중화인민공화국을 수립했다. 1976년 집권한 덩샤오핑이 경제개혁을 단행했으며 급속한 경제 성장과 사회 변화가 이루어졌다. 1989년 정치적 자유와 민주화를 요구하는 톈안먼 사건이 있었고, 현재는 세계의 공장으로 수많은 상품을 제조하는 세계 경제 규모 2위 국가이다.

2) 통로에서 안내

 중국어 실무표현

◉ 请问，您的座位号是多少？

Qǐngwèn, nín de zuòwèihào shì duōshao?

◉ 请跟我来。

Qǐng gēn wǒ lái.

◉ 需要我帮您拿东西吗？

Xūyào wǒ bāng nín ná dōngxi ma?

◉ 您的座位在这里。

Nín de zuòwèi zài zhèli.

◉ 飞行过程中，如果有什么需要，

Fēixíng guòchéng zhōng, rúguǒ yǒu shénme xūyào,

请随时联系我们。

qǐng suíshí liánxi wǒmen.

한국어 실무표현

- 손님 좌석번호가 몇 번이십니까?

- 이쪽으로 오십시오(저를 따라오십시오).

- 짐을 들어드릴까요?

- 손님 좌석은 여기입니다.

- 비행 중 필요한 것이 있으시면 언제든지 말씀하세요.

乘务员：早上好！请问，您的座位号是多少？
Zǎoshang hǎo! Qǐngwèn, nín de zuòwèihào shì duōshǎo?

乘　客：19A.
Shíjiǔ A.

乘务员：请跟我来。
Qǐng gēn wǒ lái.

······

乘务员：需要我帮您拿东西吗？
Xūyào wǒ bāng nín ná dōngxi ma?

乘　客：不用了。
Búyòng le.

乘务员：您的座位在这里。
Nín de zuòwèi zài zhèli.

乘　客：谢谢！
Xièxie!

乘务员：不客气，飞行过程中，
Búkèqi, fēixíng guòchéng zhōng,
如果有什么需要，请随时联系我们。
rúguǒ yǒu shénme xūyào, qǐng suíshí liánxi wǒmen.

승무원 : 안녕하세요? 손님, 좌석번호가 몇 번입니까?

승　객 : 19A입니다.

승무원 : 이쪽으로 오십시오(저를 따라오십시오).

　　　　　　……

승무원 : 짐을 들어드릴까요?

승　객 : 괜찮습니다.

승무원 : 손님 좌석은 여기입니다.

승　객 : 감사합니다.

승무원 : 괜찮습니다. 비행 중 필요한 것이 있으시면 언제든지 말씀해 주세요.

早上 zǎoshang 아침

问 wèn 묻다, 질문하다

需要 xūyào 필요하다, 요구되다

帮 bāng 돕다

拿 ná (손으로) 들다, 잡다

东西 dōngxi 물건, 물품

跟 gēn 따라가다, 쫓아가다

这里 zhèli 이곳, 여기

飞行 fēixíng 비행하다

过程中 guòchéngzhōng (비행)중

如果 rúguǒ 만약, 만일

什么 shénme (명사 앞에 쓰여) 무슨, 어떤

随时 suíshí 수시로, 언제나, 언제든지

联系 liánxi 연락하다

不用了 búyòngle 됐어요, 괜찮아요

座位号 zuòwèihào 좌석번호

표현 익히기

① 是 ~이다

'是'가 술어를 이루는 문장을 '是'자문이라고 한다. 부정형식은 '是' 앞에 부정부사 '不'를 붙인다.

'A 是 B' → 'A는 B이다'　　'A 不是 B' → 'A는 B가 아니다'

- 我是学生。　　　　저는 학생입니다.
  Wǒ shì xuésheng.

- 我不是老师。　　　나는 선생님이 아닙니다.
  Wǒ búshì lǎoshī.

② 多少 얼마, 몇

상대적으로 큰 수나 정해지지 않은 수에 대해 질문할 때 사용한다.

- 我的座位号是多少？　　　내 좌석번호는 몇 번인가요?
  Wǒ de zuòwèihào shì duōshǎo?

③ 有

‘有’가 술어를 이루는 문장을 ‘有’ 자문이라고 한다. ‘有’ 자문은 존재와 소유 등을 나타낸다. 부정형식은 ‘有’ 앞에 부정부사 ‘没’를 붙인다.

> ■ **긍정** : 这里有一个空位子。　　　　　여기에 빈 좌석이 하나 있습니다.
> 　　　　Zhèli yǒu yí gè kòng wèizi.
>
> ■ **부정** : 这里没有空位子。　여기에 빈 좌석이 없습니다.
> 　　　　Zhèli méi yǒu kòng wèizi.

주어진 단어와 문장으로 빈칸을 중국어로 채우고, 한국어로도 작성하시오.

座位号　　　电话号

1 您的 ＿＿＿＿＿＿＿＿＿＿是多少？

（＿＿＿＿＿＿＿＿＿＿＿＿＿＿＿＿＿＿＿＿）

2 您的 ＿＿＿＿＿＿＿＿＿＿是多少？

（＿＿＿＿＿＿＿＿＿＿＿＿＿＿＿＿＿＿＿＿）

有什么需要　　　需要帮助

1 如果 ＿＿＿＿＿＿＿＿＿＿，请随时联系我们。

（＿＿＿＿＿＿＿＿＿＿＿＿＿＿＿＿＿＿＿＿）

2 如果 ＿＿＿＿＿＿＿＿＿＿，请随时联系我们。

（＿＿＿＿＿＿＿＿＿＿＿＿＿＿＿＿＿＿＿＿）

2. 좌석안내 座位引导

1) 승객이 일행과 함께 앉고 싶은 경우

📖 **중국어 실무표현**

⚛ 我去确认一下，飞机起飞后通知您。

    Wǒ qù quèrèn yíxià, fēijī qǐfēi hòu tōngzhī nín.

⚛ 不好意思，没有空位子了。

    Bùhǎo yìsi, méi yǒu kòng wèizi le.

⚛ 我去问问那位乘客是否愿意和您换个座位。

    Wǒ qù wènwen nàwèi chéngkè shìfǒu yuànyì hé nín huàn gè zuòwèi.

⚛ 打扰您一下，

    Dǎrǎo nín yíxià,

    那边有位乘客想和您换个座位，

    nàbiān yǒu wèi chéngkè xiǎng hé nín huàn gè zuòwèi,

    如果可以，非常感谢！

    rúguǒ kěyǐ, fēicháng gǎnxiè!

⚛ 这位乘客愿意和您换座位。

    Zhèwèi chéngkè yuànyì hé nín huàn zuòwèi.

한국어 실무표현

◉ 제가 확인해 보겠습니다. 이륙 후에 오겠습니다.

◉ 손님, 죄송합니다. 빈자리가 없습니다.

◉ 저쪽에 계신 손님께 좌석을 바꿔주실 수 있는지 여쭤보겠습니다.

◉ 손님, 실례합니다만, 저분께서 (부인과 같이 앉고 싶어 하시는데) 괜찮으시면 좌석을 바꿔주실 수 있으신가요?

◉ 이분께서 좌석을 바꿔주시기로 했습니다.

乘客A：我想和妻子坐在一起，还有空位子吗？

Wǒ xiǎng hé qīzi zuò zài yìqǐ, hái yǒu kòng wèizi ma?

乘务员：我去确认一下，飞机起飞后通知您。

Wǒ qù quèrèn yíxià, fēijī qǐfēi hòu tōngzhī nín.

……

乘务员：不好意思，

Bùhǎo yìsi,

没有空位子了。

méiyǒu kòng wèizi le.

我去问问那位乘客是否愿意和您换个座位。

Wǒ qù wènwen nàwèi chéngkè shìfǒu yuànyì hé nín huàn gè zuòwèi.

乘客A：好的，谢谢！

Hǎode, xièxie!

……（对乘客B)

승객 A : 제 아내와 같이 앉고 싶은데 혹시 빈자리가 있을까요?

승무원 : 제가 확인해 보겠습니다. 이륙 후에 오겠습니다.

······

승무원 : 손님, 죄송합니다. 빈자리가 없습니다.
저쪽에 계신 손님께서 좌석을 바꿔주실지 여쭤보겠습니다.

승객 A : 고맙습니다.

······(승객 B에게)

乘务员：打扰您一下，

Dǎrǎo nín yíxià,

那边有位乘客想和您换个座位。

nàbiān yǒu wèi chéngkè xiǎng hé nín huàn gè zuòwèi.

如果可以，非常感谢！

Rúguǒ kěyǐ, fēicháng gǎnxiè!

乘　客B：可以。

Kěyǐ.

乘务员：真是太谢谢您了，请跟我来。

Zhēnshì tài xièxie nín le, qǐng gēn wǒ lái.

……（对乘客A)

乘务员：这位乘客愿意和您换座位。

Zhèwèi chéngkè yuànyì hé nín huàn zuòwèi.

乘　客A：真的吗？太好了，谢谢您！

Zhēnde ma? Tài hǎo le, xièxie nín!

乘　客B：不用谢。

Búyòng xiè.

승무원 : (승객 B에게) 손님, 실례합니다만, 저분께서 (부인과 같이 앉고 싶어하
　　　　　시는데) 괜찮으시면 좌석을 바꿔주실 수 있으신가요?

승객 B : 네 그러지요.

승무원 : 정말 감사합니다. 이쪽으로 오세요.

　　　　　……(승객 A에게)

승무원 : (승객 A에게) 손님, 이분께서 좌석을 바꿔주시기로 했습니다.

승객 A : 그래요, 너무 고맙습니다.

승객 B : 아닙니다.

确认 quèrèn 확인하다

通知 tōngzhī 통지하다, 알리다

空 kòng 비다, 텅 비다

位子 wèizi 자리, 좌석

是否 shìfǒu …인지 아닌지

愿意 yuànyì 동의하다

换 huàn 교환하다, 바꾸다

可以 kěyǐ ~할 수 있다, ~해도 좋다

不用谢 búyòng xiè 감사할 것 없다

感谢 gǎnxiè 감사하다, 고맙다

非常 fēicháng 매우, 아주

去 qù 가다

打扰 dǎrǎo 방해하다

位 wèi (사람)-분, -명

想 xiǎng ~하고 싶다

妻子 qīzi 아내

一起 yìqǐ 같이, 함께

真的 zhēnde 정말로

표현 익히기

① 想

　㉠ ~를/을 하고 싶다

　　▪ 我想喝水。　　　　　저는 물을 마시고 싶어요.
　　　Wǒ xiǎng hēshuǐ.

　㉡ 생각하다

　　▪ 我想一下。　　　　　제가 한 번 생각해 볼게요.
　　　Wō xiǎng yíxià.

② 是否

　'~인지 아닌지'라는 뜻으로 주로 문어체에서 사용한다.

　　▪ 您是否愿意和那位乘客换个座位？
　　　당신은 저분과 자리를 바꿔주실 수 있습니까?
　　　Nín shìfǒu yuànyì hé nàwèi chéngkè huàn ge zuòwèi?

③ 양사 个와 位

사람이나 사물을 셀 때 문장의 어순은 보통 '수사 + 양사 + 명사'로 구성된다.
'个'는 사람이나 전용 양사가 없는 명사에 쓰며, '位'는 사람을 셀 때의 존칭이다.

- **一位乘客**   승객 한 분
  Yí wèi chéngkè.

- **两个座位**   좌석 두 개
  Liǎng gè zuòwèi.

주어진 단어와 문장으로 빈칸을 중국어로 채우고, 한국어로도 작성하시오.

了解　　问

1 我去 _____一下。

（_____）

2 我去 _____一下。

（_____）

2) 좌석이 중복되었을 때

📖 중국어 실무표현

◉ 可能座位安排出了问题。

Kěnéng zuòwèi ānpái chū le wèntí.

◉ 请稍等, 我去确认一下, 马上回来。

Qǐng shāoděng, wǒ qù quèrèn yíxià, mǎshàng huílái.

◉ 不好意思, 马上为您安排座位。

Bùhǎo yìsi, mǎshàng wèi nín ānpái zuòwèi.

◉ 请稍等一下, 所有乘客登机后为您确认。

Qǐng shāoděng yíxià, suǒyǒu chéngkè dēngjī hòu wèi nín quèrèng.

◉ 您好, 在客舱中部有一个靠窗的位子, 可以吗？

Nínhǎo, zài kècāng zhōngbù yǒu yí gè kàochuāng de wèizi, kěyǐ ma?

◉ 给您添麻烦了, 请多多谅解。

Gěi nín tiān máfan le, qǐng duōduo liàngjiě.

한국어 실무표현

◉ 죄송합니다만, 좌석배정에 문제가 있는 것 같습니다.

◉ 제가 확인하는 동안 잠시만 여기에서 기다려주시겠습니까?

◉ 손님, 죄송합니다. 좌석을 다시 배정해 드리겠습니다.

◉ 잠시만 기다려주시면 승객 탑승이 끝난 후 확인해 보겠습니다.

◉ 기내 중간에 창쪽 좌석이 하나 있습니다.

◉ 폐를 끼쳐 죄송합니다. 양해해 주시기 바랍니다.

乘　客：您好，我的座位和别人重夏了？

　　　　Nínhǎo, wǒ de zuòwèi hé biérén chóngfù le?

乘务员：我看一下您的登机牌。

　　　　Wǒ kàn yíxià nín de dēngjīpái.

　　　　……

乘务员：可能座位安排出了问题，

　　　　Kěnéng zuòwèi ānpái chū le wèntí,

　　　　请稍等，我去确认一下，马上回来。

　　　　qǐng shāoděng, wǒ qù quèrèn yíxià, mǎshàng huílái.

乘　客：好的。

　　　　Hǎode.

　　　　……

乘务员：不好意思，

　　　　Bùháo yìsi,

　　　　马上为您安排座位。

　　　　mǎshàng wèi nín ānpái zuòwèi.

乘　客：有靠窗的座位吗？

　　　　Yǒu kàochuāng de zuòwèi ma?

승　객 : 손님, 좌석이 중복된 것 같습니다.

승무원 : 탑승권을 보여주세요.

······

승무원 : 죄송합니다만, 좌석배정에 문제가 있는 것 같습니다.
　　　　제가 확인하는 동안 잠시만 여기에서 기다려주시겠습니까?

승　객 : 알겠습니다.

······

승무원 : 손님, 죄송합니다. 다시 좌석을 배정해 드리겠습니다.

승　객 : 창가 쪽에 좌석이 있습니까?

乘务员：请稍等，所有乘客登机后为您确认。

Qǐng shāoděng, suǒyǒu chéngkè dēngjī hòu wèi nín quèrèn.

乘　客：知道了，谢谢。

Zhīdào le, xièxie.

　　　……

乘务员：您好，在客舱中部有一个靠窗的位子，可以吗？

Nín hǎo, zài kècāng zhōngbù yǒu yí ge kàochuāng de wèizi, kěyǐ ma?

乘　客：太好了。

Tài hǎo le.

　　　……

乘务员：这是您的座位，给您添麻烦了，请多多谅解。

Zhè shì nín de zuòwěi, gěi nín tiān máfan le, qǐng duōduo liàngjiě.

乘　客：没关系。

Méiguānxi.

乘务员：祝您旅途愉快！

Zhù nín lǚtú yúkuài!

승무원 : 잠시만 기다려주시면 승객 탑승이 끝난 후 확인해 보겠습니다.

승 객 : 알겠습니다, 고맙습니다.

      ……

승무원 : 손님, 기내 중간에 창쪽 좌석이 하나 있습니다.

승 객 : 잘됐군요.

      ……

승무원 : 손님 여기로 앉으시겠습니까? 폐를 끼쳐 대단히 죄송합니다.
        양해해 주시기 바랍니다.

승 객 : 괜찮습니다.

승무원 : 즐거운 여행 되세요.

可能 kěnéng 아마도, 아마

安排 ānpái 안배하다

出 chū 나다, 나타나다

问题 wèntí 문제

稍等 shāoděng 잠깐 기다리다

马上 mǎshàng 곧, 바로

回来 huílái 되돌아오다

所有 suǒyǒu 모든, 전부의

登机 dēngjī 비행기에 탑승하다

中部 zhōngbù 중부

靠窗 kàochuāng 창쪽

添麻烦 tiān máfan 폐를 끼치다

谅解 liàngjiě 양해하다, 이해해 주다

别人 biérén 다른 사람

重复 chóngfù (같은 것이) 중복되다

표현 익히기

① 능원동사 '可以'

'可以'는 동사의 앞에 쓰이며 능력, 가능성 혹은 허가를 나타낸다. 부정형식은 '可以' 앞에 부정부사 '不'를 붙인다.

~해도 좋다, ~해도 된다(허가)

- **긍정** : 你可以参加这个比赛。　　당신은 이 경기에 참여할 수 있습니다.
  Nǐ kěyǐ cānjiā zhè gè bǐsài.

- **부정** : 你不可以参加这个比赛。　　당신은 이 경기에 참여할 수 없습니다.
  Nǐ bù kěyí cānjiā zhè gè bǐsài.

② 可能

'可能'는 동사의 앞에 쓰여, 가능성 혹은 추측을 나타낸다, 부정형식은 '可能' 앞에 부정부사 '不'를 붙인다.

- 明天可能下雨。　　내일은 비가 올 것 같습니다.
  Míngtiān kěnéng xiàyǔ.

- 你不可能认识他。　　너는 그 사람을 알 수가 없다.
  Nǐ bù kěnéng rènshi tā.

座位安排　　　系统

1 可能 ＿＿＿＿＿＿＿＿＿＿＿＿出了问题。

（ ＿＿＿＿＿＿＿＿＿＿＿＿＿＿＿＿＿＿＿＿ ）

2 可能 ＿＿＿＿＿＿＿＿＿＿＿＿出了问题。

（ ＿＿＿＿＿＿＿＿＿＿＿＿＿＿＿＿＿＿＿＿ ）

★ 중국의 수도 베이징

중국의 수도 베이징은 가장 오랫동안 중국의 정치·문화 중심지로서의 위치를 고수해온 도시로 과거 8세기 이상을 중국 역사에서 필수적인 요소가 되어왔다. 따라서 베이징에 대한 지식 없이 중국을 이해하기란 거의 불가능하다. 2000년 훨씬 이전에 지금의 베이징 부근은 이미 중국 동북부 국경지대의 중요한 군사·교역 중심지였다.

원대(元代 : 1271~1368)인 1267년 이곳에 대도라는 이름의 신도시가 건설되어 행정수도가 되었다. 명(明 : 1368~1644)의 제1·2대 황제 재위기간에는 난징[南京]을 수도로 삼았으며, 전대의 수도였던 대도는 베이핑[北平]으로 이름을 바꾸었다. 그러나 명의 제3대 황제는 베이핑을 다시 수도로 삼고 베이징이라는 새 이름을 붙였다.

그 후 베이징은 국민정부가 난징을 다시 수도로 삼았던 짧은 기간(1928~49, 제2차 세계대전 중에는 충칭[重慶]으로 천도)을 빼고는 계속 수도로서의 지위를 지켜왔다.

출처 : 브리태니커

Ⅱ. 이륙 전 업무 起飞前服务

1. 이륙준비 起飞准备

1) 안전벨트

 중국어 실무표현

◉ 请您系好安全带。

Qǐng nín jì hǎo ānquándài.

◉ 我们的飞机马上就要起飞了。

Wǒmen de fēijī mǎshàng jiùyào qǐfēi le.

◉ 为了您的安全, 您必须系上安全带。

Wèile nín de ānquán, nín bìxū jìshang ānquándài.

◉ 飞机起飞以后, 您可以解开安全带。

Fēijī qǐfei yǐhòu, nín kěyǐ jiěkāi ānquándài.

◉ 感谢您的配合。

Gǎnxiè nín de pèihé.

한국어 실무표현

⊚ 안전벨트를 매어주시기 바랍니다.

⊛ 비행기가 곧 이륙하겠습니다.

⊚ 손님의 안전을 위해서 꼭 매어주시기 바랍니다.

⊛ 비행기가 이륙한 후에 풀어도 됩니다.

⊚ 협조해 주셔서 감사합니다.

乘务员：先生，请您系好安全带，

Xiānsheng, qǐng nín jì hǎo ānquándài,

我们的飞机马上就要起飞了，谢谢！

wǒmen de fēijī mǎshàng jiùyào qǐfēi le, xièxie!

乘　客：我不想系安全带，没事儿。

Wǒ bùxiǎng jì ānquándài, méi shìr.

乘务员：为了您的安全，您必须系上安全带。

Wèile nín de ānquán, nín bìxū jìshang ānquándài.

飞机起飞以后，您可以解开安全带。

Fēijī qǐfēi yǐhòu, nín kěyǐ jiěkāi ānquándài.

乘　客：那好吧！

Nà hǎo ba!

乘务员：感谢您的配合。

Gǎnxiè nín de pèihé.

승무원 : 안전벨트를 매어주시기 바랍니다. 비행기가 곧 이륙하겠습니다. 감사
합니다.

승   객 : 저는 매고 싶지 않습니다. 안 매도 괜찮지 않을까요?

승무원 : 손님의 안전을 위해서 꼭 매어주시기 바랍니다. 비행기가 이륙한 후에
는 풀어도 됩니다.

승   객 : 그럼, 알겠습니다.

승무원 : 협조해 주셔서 감사합니다.

⫷ 단어 익히기

就要 jiùyào 곧, 머지 않아

为了 wèile ~을(를) 위하여

必须 bìxū 받드시, 꼭

解开 jiěkāi 열다, 풀다

安全带 āquándài 안전벨트

起飞 qǐfēi 이륙하다

系 jì (안전벨트를) 매다

配合 pèihé 협력하다

표현 익히기

① 就要……了

곧, 즉시

상황이 곧 발생할 것을 나타낸다.

- 飞机就要起飞了。　　비행기가 곧 이륙하겠습니다.
Fēijī jiùyào qǐfēi le.

② 为了

~을 위해서

- 为了您的安全，请系好安全带。
안전을 위해 안전(좌석)벨트를 매어주십시오.
Wèi le nín de ānquán, qǐng jì hǎo ānquándài.

주어진 단어와 문장으로 빈칸을 중국어로 채우고, 한국어로도 작성하시오.

降落   着陆

① 我们的飞机马上就要 _____ 了。

(_____)

② 我们的飞机马上就要 _____ 了。

(_____)

合作   帮助

① 感谢您的 _____ 。

(_____)

② 感谢您的 _____ 。

(_____)

★ 중국의 민족

중국은 많은 인종과 어족(語族)으로 이루어진 다민족 국가이다. 중국 내의 다양한 민족 가운데 한족(漢族)은 세계에서 단일민족으로서는 최대 규모(중국 인구의 93%)이다. 중국 내의 여러 민족들이 쓰는 언어는 크게 시노티베트어족 · 알타이어족 · 인도유럽어족 · 오스트로아시아어족으로 나눌 수 있다. 그 중 시노티베트어족에 속하는 중국어는 가장 널리 사용되는 언어로, 가장 중요한 중국어 방언은 베이징 관화(官話)이다. 중국에서 중요한 종교는 불교 · 도교 · 이슬람교 및 로마 가톨릭교이며 그리스도교도의 수는 확실하지 않다.

한족 외에 만주족과 후이족도 베이징 관화를 사용하고 한자로 표기한다. 후이족은 7세기에 이슬람교가 중국에 전해졌을 때 이 종교에 귀의한 중국인들의 후손이다. 그들은 중국 내 여러 곳에서 한족과 섞여 살고 있는데 그들이 가장 많이 밀집해 있는 닝샤후이족 자치구에서만 후이족으로 구분되고 있다. 만주족은 스스로를 17세기에 중국을 침입한 만주 8기(八旗)의 자손으로 칭하고 있다. 이들은 한족 문화에 완전히 동화되어 화북과 둥베이 지역에 주로 살고 있지만 인민공사(人民公社) 이상의 단위에서는 전혀 독립된 자치지역을 형성하지 못하고 있다. 동북지역의 한인(韓人)들은 지린 성[吉林省] 동쪽에서 자치현을 이루고 산다.

출처 : 브리태니커

2) 이륙 안전체크

 중국어 실무표현

◈ 请您收起小桌板。

Qǐng nín shōuqǐ xiǎozhuōbǎn.

◈ 谢谢您的合作。

Xièxie nín de hézuò.

◈ 请您调直座椅靠背。

Qǐng nín tiáozhí zuòyǐ kàobèi.

◈ 请您打开遮光板。

Qǐng nín dǎkāi zhēguāngbǎn.

◈ 请您关闭电脑。

Qǐng nín guānbì diànnǎo.

한국어 실무표현

◉ 손님, 테이블을 올려주시기 바랍니다.

◉ 협조해 주셔서 감사합니다.

◉ 손님, 좌석등받이는 제자리로 해주시기 바랍니다.

◉ 창문커튼(차광판)은 열어주시기 바랍니다.

◉ 컴퓨터는 꺼주시기 바랍니다.

乘务员 : 乘客, 您好!

Chéngkè, nín hǎo!

请您收起小桌板,

Qǐng nín shōuqǐ xiǎozhōubǎn,

我们的飞机就要起飞了。

wǒmen de fēijī jiùyào qǐfēi le.

……

乘务员 : 请您调直座椅靠背, 我们的飞机就要起飞了。

Qǐng nín tiáozhí zuòyǐ kàobèi, wǒmen de fēijī jiùyào qǐfēi le.

……

乘务员 : 谢谢您的合作。

Xièxie nín de hézuò.

승무원 : 손님, 테이블을 올려주시기 바랍니다.

비행기가 곧 이륙하겠습니다.

......

승무원 : 손님, 좌석등받이는 제자리로 해주시기 바랍니다.

비행기가 곧 이륙하겠습니다.

......

승무원 : 협조해 주셔서 감사합니다.

乘务员：乘客，您好！
Chéngkè, nín hǎo!

请您打开遮光板，
Qǐng nín dǎkāi zhēguāngbǎn,

我们的飞机就要起飞了。
wǒmen de fēijī jiùyào qǐfēi le.

……

乘务员：我们的飞机就要起飞了，请您关闭电脑。
Wǒmen de fēijī jiùyào qǐfēi le, qǐng nín guānbì diànnǎo.

……

乘务员：非常感谢！
Fēicháng gǎnxiè!

승무원 : 손님, 창문커튼(차광판)은 열어주시기 바랍니다.
　　　　비행기가 곧 이륙하겠습니다.

　　　　……

승무원 : 손님, 비행기가 곧 이륙하겠습니다.
　　　　컴퓨터는 꺼주시기 바랍니다.

　　　　……

승무원 : 감사합니다.

<<< 단어 익히기

收起 shōuqǐ 집어치우다

小桌板 xiǎozhuōbǎn 테이블

调 tiáo 조정하다, 조절하다

直 zhí 똑바로 선, 곧은

座椅 zuòyǐ 좌석

靠背 kàobèi 등받이

打开 dǎkāi 열다, 풀다

遮光板 zhēguāngbǎn 차광판, 창문커튼

关闭 guānbì 꺼지다, 닫다

电脑 diànnǎo 컴퓨터

표현 익히기

① 请

'请'은 상대방에게 어떤 일을 부탁할 때 쓰는 경어이다.

请 + 동사　　~하세요

- 您请坐。　　　　　　손님, 앉아주십시오.
  Nín qǐngzuò.

- 请用餐。　　　　　　(식사를 드리면서) 식사입니다.
  Qǐng yòngcān.

② 谢谢您的~

당신의 ~에 감사합니다.

- 谢谢您的理解。　　　양해해 주셔서 감사합니다.
  Xièxie nín de lǐjiě.

- 谢谢您的关心。　　　관심 가져주셔서 감사드립니다.
  Xièxie nín de guānxīn.

주어진 단어와 문장으로 빈칸을 중국어로 채우고, 한국어로도 작성하시오.

坐下　　　系好安全带

1 请您 _____。

(　_____　)

2 请您 _____。

(　_____　)

★ 중국 경제

중국은 2013년 기준 GDP 세계 2위의 경제 대국이자 인구 세계 1위의 경제 대국이다. 이변이 없는 한 2020년경에 미국을 제치고 곧 세계 총생산 1위에 등극할 것으로 예상되고 있다.

현재 중국 경제는 2010년대보다는 성장률이 떨어지고 있지만 그럼에도 불구하고 얼마 지나지 않아 총생산 세계 1위를 달성할 것임을 거의 모든 경제 연구기관에서 예측하고 있다.

중국이 개혁개방으로 고도발전을 이루면서 경제를 성장시킨 건 신흥국가의 발호가 아니라 원래의 제 자리를 찾아온 것. 즉 '왕의 귀환'에 불과하다는 견해가 있다. 역사적으로 보면 중국 대륙의 지리적 특성상 역사시대 이래로 다른 나라들을 압도할 수 있는 규모의 인구가 존재했기 때문이다.

17세기까지 전 세계에서 가장 강력한 국가였던 중국의 몰락이 시작된 기점은 1839~42년으로 꼽힌다. 아편전쟁 이전까지 중국의 GNP는 전 세계 GNP의 거의 20~30%에 육박했다. 한마디로 말해서 당시 미국+유럽+러시아를 모두 합쳐도 중국에 미치지 못했다는 이야기다. 흔히 아시아에서 일본이 가장 발전했다고 하지만, 일본은 청나라 말기에도 종합경제력에서 중국에 비교가 되지 않았다. 일본의 국력이 부강했던 중일전쟁 직전에도 경제규모만을 놓고 보면 중국과 일본은 그다지 차이가 없었다

출처 : mirror.enha.kr

2. 이륙지연 起飞延迟

 중국어 실무표현

⊛ 我们还有几位乘客没登机。

Wǒmen hái yǒu jǐ wèi chéngkè méi dēngjī.

⊛ 请稍等，我们会尽快起飞。

Qǐng shāoděng, wǒmen huì jǐnkuài qǐfēi.

⊛ 对不起，由于天气不好，起飞延迟。

Duìbuqǐ, yóuyú tiānqì bù hǎo, qǐfēi yánchí.

⊛ 天气好转后，我们会尽快起飞。

Tiānqì hǎo zhuǎn hòu, wǒmen huì jǐnkuài qǐfēi.

⊛ 我们还有一些行李没运上飞机。

Wǒmen hái yǒu yìxiē xíngli méi yùnshàng fēijī.

한국어 실무표현

◎ 죄송하지만, 아직 탑승하지 않은 승객을 기다리고 있습니다.

◎ 잠시만 기다려주시기 바랍니다. 곧 출발하도록 하겠습니다.

◎ 죄송합니다만, 기상악화로 인해 출발이 지연되고 있습니다.

◎ 상황이 좋아지는 대로 곧 출발하도록 하겠습니다.

◎ 죄송합니다만, (승객들의) 짐을 아직 다 싣지 못했습니다.

乘　客：为什么还不起飞？

Wèishénme hái bù qǐfēi?

乘务员：对不起，我们还有几位乘客没登机。

Duìbuqǐ, wǒmen hái yǒu jǐ wèi chéngkè méi dēngjī.

请稍等，我们会尽快起飞。

Qǐng shāoděng, wǒmen huì jǐnkuài qǐfēi.

......

乘务员：对不起，由于天气不好，起飞延迟。

Duìbuqǐ, yóuyú tiānqì bù hǎo, qǐfēi yánchí.

......

乘务员：对不起，我们还有一些行李没运上飞机。

Duìbuqǐ, wǒmen hái yǒu yìxiē xíngli méi yùnshàng fēijī.

请稍等，我们会尽快起飞。

Qǐng shāoděng, wǒmen huì jǐnkuài qǐfēi.

회화

승　객 : 왜 출발을 안 합니까?

승무원 : 죄송하지만, 아직 탑승하지 않은 승객을 기다리고 있습니다.
　　　　잠시만 기다려주시기 바랍니다. 곧 출발하도록 하겠습니다.

　　　　……

승무원 : 죄송합니다만, 기상악화로 인해 출발이 지연되고 있습니다.

　　　　……

승무원 : 죄송합니다만, (승객들의) 짐을 다 싣지 못했습니다.
　　　　잠시만 기다리시면 곧 출발하도록 하겠습니다.

为什么 wèishénme 왜

登机 dēngjī 탑승하다

由于 yóuyú ~때문에 ~(으)로 인하여

天气 tiānqì 날씨

好转 hǎozhuǎn 좋아지다

延迟 yánchí 지연하다

会 huì ~ 할 것이다

一些 yìxiē 약간, 조금

运 yùn 운반하다, 운송하다

行李 xíngli 짐

표현 익히기

① 능원동사 '会'

'会'는 동사의 앞에 쓰여, 가능성을 나타낸다. 부정형식은 '会' 앞에 부정부사 '不'를 붙인다.

㉠ 능력의 가능성

- **긍정** : 我会说汉语。　　　　　저는 중국어(한어)로 말할 수 있습니다.
  　　　　　Wǒ huì shuō hànyǔ.

- **부정** : 我不会说汉语。　　　　　저는 중국어로 말할 수 없습니다.
  　　　　　Wǒ bú huì shuō hànyǔ.

㉡ 미래에 대한 추측과 실현가능성

- **긍정** : 他明天会来。　　　　　그는 내일 돌아옵니다.
  　　　　　Tā míngtiān huì lái.

- **부정** : 他明天不会来。　　　　　그는 내일 돌아오지 않습니다.
  　　　　　Tā míngtiān bú huì lái.

② 为什么

'为什么'는 이유를 강조하며, 왜 그런지 '이유가 무엇이냐'라는 뜻이다.

- 飞机为什么晚点？ 비행기가 왜 늦어졌나요?
  Fēijī wèi shénme wǎndiǎn?

③ 由于

'由于'는 '～때문에, ～(으)로 인하여'라는 뜻으로 원인을 나타낸다.

- 由于下雨，飞机延迟半小时起飞。
  비로 인하여 비행기가 30분 늦게 이륙했습니다.
  Yóuyú xiàyǔ, fēijī yánchí bàn xiǎoshí qǐfēi.

주어진 단어와 문장으로 빈칸을 중국어로 채우고, 한국어로도 작성하시오.

航路交通管制　　机械故障

1 对不起, 由于 ＿＿＿＿＿＿＿＿＿＿＿起飞延迟。

　　(＿＿＿＿＿＿＿＿＿＿＿＿＿)

2 对不起, 由于 ＿＿＿＿＿＿＿＿＿＿＿起飞延迟。

　　(＿＿＿＿＿＿＿＿＿＿＿＿＿)

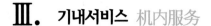

Ⅲ. 기내서비스 机内服务

1. 음료서비스 饮料服务

 중국어 실무표현

◎ 请问喝点什么?

Qǐngwèn hē diǎn shénme?

◎ 有果汁、茶和咖啡。

Yǒu guǒzhī、chá hé kāfēi.

◎ 请问加冰吗?

Qǐngwèn jiā bīng ma?

◎ 有红茶和绿茶。

Yǒu hóngchá hé lǜchá.

◎ 小心烫!

Xiǎoxīn tàng!

◎ 如果您喝完了, 请把杯子给我, 谢谢!

Rúguǒ nín hē wán le, qǐng bǎ bēizi gěi wǒ, xièxie!

한국어 실무표현

◎ 손님, 무엇을 드시겠습니까?

◎ 과일주스, 차, 커피가 있습니다.

◎ 얼음 넣어드릴까요?

◎ 홍차와 녹차가 있습니다.

◎ 뜨겁습니다. 조심하세요.

◎ 다 드신 컵은 치워드릴까요? 감사합니다.

乘务员：乘客您好，请问喝点什么？
Chéngkè nín hǎo, qǐngwèn hē diǎn shénme?

乘 客A：都有什么？
Dōu yǒu shénme?

乘务员：有果汁、茶和咖啡。
Yǒu guǒzhī、chá hé kāfēi.

乘 客A：给我一杯果汁吧！
Gěi wǒ yì bēi guǒzhī ba!

乘务员：请问加冰吗？
Qǐng wèn jiā bīng ma?

乘 客A：不加。
Bù jiā.

乘务员：您的果汁。
Nín de guǒzhī.

승무원 : 무엇을 드시겠습니까?

승객A : 무엇이 있나요?

승무원 : 과일주스, 차, 커피가 있습니다.

승객A : 과일주스 한 잔 주세요.

승객A : 얼음을 넣어드릴까요?

승객A : 아니에요.

승무원 : 과일주스입니다.

乘　客B：有茶吗？

Yǒu chá ma?

乘务员：有红茶和绿茶。

Yǒu hóngchá hé lǜchá.

乘　客B：给我一杯绿茶。

Gěi wǒ yì bēi lǜchá.

乘务员：您的绿茶，小心烫！

Nín de lǜchá, xiǎoxīn tàng !

⋯⋯

乘务员：如果您喝完了，请把杯子给我，谢谢！

Rúguǒ nín hē wán le, qǐng bǎ bēizi gěi wǒ, xièxie!

승　객 : 차 있나요?

승무원 : 홍차와 녹차가 있습니다.

승　객 : 녹차 한 잔 주세요.

승무원 : 뜨겁습니다, 조심하세요!

　　　　……

승무원 : 다 드신 컵은 치워드릴까요? 감사합니다.

≪≪ 단어 익히기

喝 hē 마시다

点 diǎn 약간, 조금

果汁 guǒzhī 과즙, 과일주스

茶 chá 차

咖啡 kāfēi 커피

杯 bēi (양사) 잔

加 jiā 넣다, 더하다

冰 bīng 얼음

红茶 hóngchá 홍차

绿茶 lǜchā 녹차

小心 xiǎoxīn 조심하다, 주의하다.

烫 tàng 몹시 뜨겁다.

完 wán 완결되다, 마치다

杯子 bēizi 컵

给 gěi (…에게) …을(를) 주다

표현 익히기

① 결과보어 '完'

'完'는 동사의 보어로 쓰여 동작이 예정대로 도달했거나 완성되었음을 나타낸다.

- 您吃完了吗？　　　　식사 다 하셨습니까?

  Nín chī wán le ma?

② 把

'把' 자문은 동작이 어떤 사물을 어떻게 처리했는가와 그 처리 결과를 강조하여 설명할 경우에 주로 사용된다.

'주어 + 把 + 목적어(처리되는 사물) + 동사 + 기타 성분(처리결과)'

- 请您把门打开。　　　　문 좀 열어주시겠습니까?

  Qǐng nín bǎ mén dǎkāi.

- 请您把杯子给我。　　컵은 저에게 주십시오.

  Qǐng nín bǎ bēizi gěiwǒ.

吃　喝

1 请问 ＿＿＿＿＿＿＿＿＿＿＿＿＿点什么？

（ ＿＿＿＿＿＿＿＿＿＿＿＿＿＿＿＿＿＿＿＿＿＿ ）

2 请问 ＿＿＿＿＿＿＿＿＿＿＿点什么？

（ ＿＿＿＿＿＿＿＿＿＿＿＿＿＿＿＿＿＿＿＿＿＿ ）

吃　喝　　　　　　　餐盘　杯子

1 如果您 ＿＿＿＿＿完了，请把 ＿＿＿＿＿给我。

（ ＿＿＿＿＿＿＿＿＿＿＿＿＿＿＿＿＿＿＿＿＿＿ ）

2 如果您 ＿＿＿＿＿完了，请把 ＿＿＿＿＿给我。

（ ＿＿＿＿＿＿＿＿＿＿＿＿＿＿＿＿＿＿＿＿＿＿ ）

★ 중국의 정치

중국은 1949년 중화인민공화국의 창설 이후 사회주의국가로 존속해왔다. 중국은 공식적으로는 궁극적 목표를 무계급 공산사회를 건설하는 데 두고 이를 위해 과도기적으로 사회주의하의 공산당 일당독재를 실시한다고 주장한다. 이렇듯 중국 정치는 공산당 내에서의 노선을 통한 권력투쟁의 양상으로 전개되어 왔으며, 공산주의 이데올로기를 우선시하는 노선과 실용주의 노선 간에 갈등의 중심적인 축을 이루어왔다.

중국 최고권력기관인 전국인민대표대회는 국가의 대내외 중요사안에 관한 최고의 의결기구로 각 지역과 인민해방군에서 선출된 2,900여 명(최고 3,500명)으로 구성된다. 그러나 전국인민대표대회는 1년에 한 차례밖에 열리지 않아 헌법상 최고권력기관의 지위에도 불구하고 서방민주주의 국가의 의회와는 성격이 다르다.

전국인민대표대회는 공산당의 주요정책을 정당화하는 역할을 하며 실질적인 권력은 공산당이 장악하고 있다. 대내외적으로 중국을 대표하는 최고권력자인 국가주석은 공산당 중앙위원회의 추천에 의해 전국인민대표대회에서 선출되기 때문이다. 무장력을 통솔하는 중앙군사위원회의 주석 역시 공산당 중앙위원회의 추천에 의해서 선출되고 중앙군사위원회 주석이 부주석과 군사위원회 위원을 지명하여 전국인민대표대회의 승인을 받는다.

국무원은 중앙인민정부라고도 하며 산하 각성(省)과 자치구에 지방인민정부를 두고 있다. 국무원은 중국의 최고 행정기관으로 전국인민대표대회에서 결정된 중요사안을 집행한다. 국무원은 국가행정에 관한 법률의 결의나 결정, 예컨대 국민경제와 사회발전계획, 국가예산 등은 국무원이 집행한다.

국무원은 산하에 29개의 중앙행정부처를 거느리고 있으며, 총리 1명, 부총리 4명, 국무위원 5명, 비서장 1명, 각처 부장 23명(중국인민은행장 포함)을 둔다. 국무원 총리는 국가 주석의 추천으로 전국인민대표대회의 승인을 받아 임명되며, 국무원 산하 부총리와 국무위원은 총리의 지명으로 전국인민대표대회의 인준을 받아 임명된다.

2013년 현재 제12기 전국인민대표대회를 통해 국가주석은 시진핑(習近平)으로 중앙군사위원회 주석직도 겸하고 있고, 총리는 리커창(李克强)으로 이들 시리주허(習李組合)가 이끄는 중국 5세대 지도부의 집권 원년을 열게 됐다.

출처 : mirror.enha.kr

2. 기내식 用餐服务

1) 식사서비스

 중국어 실무표현

● 请小心, 餐车正在经过。

Qǐng xiǎoxīn, cānchē zhèngzài jīngguò.

● 您好, 为您提供午餐服务, 请打开小桌板。

Nín hǎo, wèi nín tígòng wǔcān fúwù, qǐng dǎkāi xiǎozhuōbǎn.

● 为了后面的乘客能够用餐,

Wèile hòumiàn de chéngkè nénggòu yòngcān,

请您把座椅靠背调直。

qǐng nín bǎ zuòyǐ kàobèi tiáozhí.

● 今天的午餐有鸡肉饭和牛肉饭, 您要哪种?

Jīntiān de wǔcān yǒu jīròufàn hé niúròufàn, nín yào nǎ zhǒng?

● 请问还需要别的吗?

Qǐng wèn hái xūyào biéde ma?

● 请慢用!

Qǐng mànyòng!

한국어 실무표현

◉ 조심하세요, 카트 지나가겠습니다.

◉ 손님, 식사 드리겠습니다. 테이블을 펴주세요.

◉ 죄송합니다만, 뒷좌석 손님의 식사를 위해 좌석등받이를 세워주시겠습니까?

◉ 오늘 메뉴는 닭고기덮밥과 소고기덮밥이 있습니다. 어느 것으로 드릴까요?

◉ 더 필요하신 것은 없으십니까?

◉ 천천히 드세요.

乘务员：请小心，餐车正在经过。

　　　　Qǐng xiǎoxīn, cānchē zhèngzài jīngguò.

乘务员：您好，为您提供午餐服务，请打开小桌板。

　　　　Nín hǎo, wèi nín tígòng wǔcān fúwù, qíng dǎkāi xiǎozhuōbǎn.

乘务员：这位乘客，不好意思，

　　　　Zhè wèi chéngkè, bùhǎo yìsi,

　　　　为了后面的乘客能够用餐，

　　　　wèile hòumiàn de chéngkè nénggòu yòngcān,

　　　　请您把座椅靠背调直，谢谢！

　　　　qǐng nín bǎ zuòyǐ kàobèi tiáozhí, xièxie!

乘　客：午餐有什么？

　　　　Wǔcān yǒu shénme?

乘务员：今天的午餐有鸡肉饭和牛肉饭，您要哪种？

　　　　Jīntiān de wǔcān yǒu jīròufàn hé niúròufàn, nín yào nǎ zhǒng?

승무원 : 조심하십시오. 카트 지나가겠습니다.

승무원 : 손님, 식사 드리겠습니다. 테이블을 펴주세요.

승무원 : 죄송합니다만,
　　　　 뒷좌석 손님의 식사를 위해 좌석등받이는 세워주시겠습니까?

승　객 : 점심 메뉴가 뭐예요?

승무원 : 오늘 메뉴는 닭고기덮밥과 소고기덮밥이 있습니다.
　　　　 어느 것으로 드릴까요?

乘　客：给我一份鸡肉饭。

Gěi wǒ yí fèn jīròufàn.

乘务员：这是您的鸡肉饭，

Zhè shì nín de jīròufàn,

请问还需要别的吗？

qǐngwèn hái xūyào biéde ma?

乘　客：不用了，谢谢！

Búyòng le, xièxie!

乘务员：请慢用！

Qǐng mànyòng!

승　객 : 닭고기덮밥으로 주세요.

승무원 : 닭고기덮밥입니다. 더 필요하신 것은 없으십니까?

승　객 : 괜찮습니다. 감사합니다.

승무원 : 천천히 드세요.

餐车　cānchē　카트

正在　zhèngzài　지금 ~하고 있다

经过　jīngguò　지나다, 통과하다

提供　tígòng　제공하다

午餐　wǔcān　점심식사, 오찬

服务　fúwù　서비스

能够　nénggòu　~할 수 있다

用餐　yòngcān　식사를 하다

鸡肉　jīròu　닭고기

牛肉　niúròu　쇠고기, 소고기

要　yào　원하다

种　zhǒng　종류

慢用　mànyòng　(식사를) 천천히 하다

표현 익히기

① 正在

~하고 있다.

'正在'는 동사 앞에 쓰여, 어떤 동작 행위가 일정한 시간에 발생, 진행됨 혹은 지속됨을 가리킨다.

- **她正在来。** 　그녀는 지금 오고 있습니다.
  Tā zhèngzài lái.

② 请慢用。

천천히 맛있게 드세요.

- **您的晚餐，请慢用。** 저녁식사 천천히 드십시오. (맛있게 드시라는 의미)
  Nín de wǎncān, qǐng mànyòng.

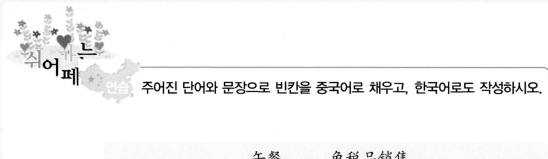

午餐　　　　免税品销售

1 您好, 为您提供 _____服务。

(_____)

2 您好, 为您提供 _____服务。

(_____)

别的　　　咖啡

1 请问, 还需要 _____吗 ?

(_____)

2 请问, 还需要 _____吗 ?

(_____)

★ 중국 문화

중국 문화는 수천 년 동안 한국에 지대한 영향을 미쳐 왔으나, 20세기 초반의 일제강점기로부터 시작해 한중수교가 이뤄질 때까지 양국교류가 약 90여 년간 단절되었기 때문에 한국인들은 중국 현대문화에 대해서는 잘 모른다. 중국 문화는 수천 년간 인접국에 지대한 영향을 미쳐 왔으나 근·현대에 들어서 이런저런 정치적 대혼란이 발생하여 잠재력에 비해 발전도는 좀 떨어지고 있다.

현재에도 창의성을 저해하는 공산당의 검열은 남아있지만, 예전보다는 훨씬 느슨해지고 있으며 표현의 자유를 위한 중국예술가들의 운동도 활발하다. 그래서 중국의 경제성장과 함께 전통문화의 재조명과 더불어 현대문화적인 면에서도 상당히 발전하고 있다. 중국의 고전문화는 17세기부터 유럽에 중국애호가(sinophile)라는 단어를 만들었을 정도고, 이에 기반한 여러 다양한 현대문화도 서서히 기지개를 펴고 있다. 중국이 소프트파워가 약하다는 주장이 있지만 이 나라는 다른 신흥 개도국과는 달리 엄청난 문화잠재력을 가지고 있기 때문에 다시 문화대국에 등극하는 것은 시간문제로 봐야 한다.

2) 식사 후 수거

 중국어 실무표현

◉ 您好，请问您用完餐了吗？

Nín hǎo, qǐngwèn nín yòng wán cān le ma?

◉ 不用急，请慢用。

Búyòng jí, qǐng mànyòng.

◉ 我一会儿再来收回您的餐盘。

Wǒ yíhuìr zàilái shōuhuí nín de cānpán.

◉ 我可以收回您的餐盘吗？

Wǒ kěyǐ shōuhuī nín de cānpán ma?

한국어 실무표현

◎ 손님, 식사 다 드셨습니까?

◎ 천천히 드세요.

◎ 잠시 후 치워드리겠습니다.

◎ 치워드리겠습니다.

乘务员 : 您好, 请问您用完餐了吗？

Nín hǎo, qǐngwèn nín yòng wán cān le ma?

乘客 A : 还没有。

Hái méiyǒu.

乘务员 : 不用急, 请慢用, 我一会儿再来收回您的餐盘。

Búyòng jí, qǐng mànyòng, wǒ yíhuìr zàilái shōuhuí nín de cānpán.

乘客 A : 好的, 谢谢！

Hǎode, xièxie!

......

乘务员 : 我可以收回您的餐盘吗？

Wǒ kěyǐ shōuhuī nín de cānpán ma?

乘客 B : 可以。再给我一杯水, 好吗？

Kěyǐ. Zài gěi wǒ yì bēi shuǐ, hǎo ma?

乘务员 : 当然可以。

Dāngrán kěyǐ.

회화

승무원 : 손님, 식사 다 드셨습니까?

승객A : 아직입니다.

승무원 : 천천히 드세요. 잠시 후 치워드리겠습니다.

승객A : 좋습니다. 감사합니다.

   ......

승무원 : 치워드리겠습니다.

승객B : 네, 물 한 잔 주시겠습니까?

승무원 : 네, 여기 있습니다. / 천천히 드세요.

⫷ 단어 익히기

完 wán 완성하다, 끝내다

收回 shōuhuí 회수하다

餐盘 cānpán 식판

水 shuǐ 물

急 jí 급하다

표현 익히기

① ~好吗？

'~好吗？'는 문장의 끝에 쓰여 주로 건의를 하거나 상대방의 의견을 물을 때 사용한다.

- **我们一起去，好吗？**　　　우리 같이 가는 게 어때요?
  Wǒmen yìqǐ qù, hǎo ma?

② 还

'还'는 '여전히, 아직도'라는 뜻으로 동작이 계속 존재하거나 진행됨을 나타낸다. 뒤에 '不、没' 등의 부정적인 의사를 갖는 문장이 많이 온다.

- **我还没吃完。**　　　식사 아직 덜 먹었습니다.
  Wǒ hái méi chī wán.

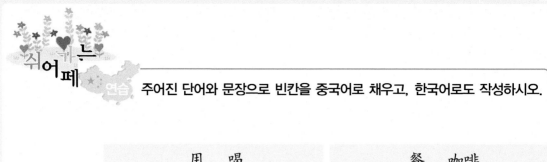

주어진 단어와 문장으로 빈칸을 중국어로 채우고, 한국어로도 작성하시오.

| 用 | 喝 | 餐 | 咖啡 |

1 请问您 _____ 完 _____ 了吗？

(_____)

2 请问您 _____ 完 _____ 了吗？

(_____)

★ 茶 대신 커피 마시는 중국인

중국인들은 술 못지않게 차도 많이 마신다. 화북지방의 경우, 특히 베이징의 경우엔 물에 석회질이 녹아나오고 흙냄새가 강하게 나는 경우가 많아서, 대개 물을 끓여서 차를 달여 마신다. 커피는 그다지 인기가 없지만 최근에는 차 대신 커피를 마시는 사람이 늘고 있다.

커피 한 잔에 7천 원, 커피 바람이 부는 중국시장은 고속 성장하고 있으며, 1인당 커피 소비량은 연간 4잔, 일본의 4백 잔의 백분의 1로 시장성이 매우 높다. 글로벌 시장 조사기관 민텔에 의하면, 중국의 소매 커피시장이 연간 18% 성장하고 있으며 스타벅스는 2014년 중국이 세계 2위의 시장이 될 것이라고 밝혔다. 네슬레의 경우, 인스턴트 커피 생산량의 2/3를 중국에서 판매하고 있는 실정이다. 중국 소비자는 아메리카노나 에스프레소 같은 무첨가 메뉴보다는 우유나 시럽 첨가 커피, 혹은 그린티 라떼 등을 선호한다. 커피의 쓴맛이 중국 전통 약의 쓴맛을 연상시키기 때문에 첨가형 커피를 선호한다.

🔵 중국인들은 커피 맛보다는 문화

스타벅스의 시장조사 담당자는 "중국에서 순수한 커피는 거의 팔리지 않는다"고 말했다. 커피전문점을 사교의 장(場)으로 활용하는 것이 중국 소비자들의 특성이며, 스타벅스는 커피를 마시려고 가는 공간이라기보다 사람들과 어울리거나 와이파이에 접속할 수 있는 공간으로 활용된다.

2013년 파이낸셜타임즈에 의하면 "중국인들은 커피가 아니라 문화를 소비하고자 스타벅스에 간다"며 "커피 음료에서 진하고 쓴 커피가 아닌 다른 것을 판다면, 계속해서 중국 내 커피전문점의 인기는 더욱 높아질 것"이다. 그리고 1회용 인스턴트 커피나, 캔 커피를 주로 이용하는 소비자는 주로 20대 초반으로 형성되어 있어, 시간이 갈수록 편의점이나 대형 마트에서 판매하는 인스턴트 커피시장도 가파른 성장세가 전망된다.

출처 : 한국디자인진흥원

3. 기내판매 机内销售

1) 주문 및 결산(여행자수표)

📖 **중국어 실무표현**

◉ 现在是机内免税品销售时间。

Xiànzài shì jīnèi miǎnshuìpǐn xiāoshòu shíjiān.

◉ 如果您有什么需要，可以参阅购物手册。

Rúguǒ nín yǒu shénme xūyào, kěyǐ cānyuè gòuwù shǒucè.

◉ 您好，请问需要什么？

Nínhǎo, qǐngwèn xūyào shénme?

◉ 这是我们目前卖得最好的一款香水。

Zhèshì wǒmen mùqián mài de zuìhǎo de yì kuǎn xiāngshuǐ.

◉ 请问您怎么结算，现金还是信用卡？

Qǐngwèn nín zěnme jiésuàn, xiànjīn háishì xìnyòngkǎ?

◉ 请在旅行支票后面写上您的姓名、

Qǐng zài lǚxíngzhīpiào hòu miàn xiěshàng nín de xìngmíng、

国籍和护照号码，并签字。

guójí hé hùzhào hàomǎ, bìng qiānzì.

한국어 실무표현

◉ 지금 기내 면세품 판매를 하겠습니다.

◉ 필요한 것은 기내지를 참조해 주세요.

◉ 손님, 필요하신 것 있으신가요?

◉ 이것이 인기가 제일 좋은 향수입니다.

◉ 계산은 어떻게 하시겠습니까? (현금, 카드)

◉ 여행자수표에 성함과 국적 그리고 여권번호를 써주시고 앞에 서명해 주시기
  바랍니다.

乘务员：各位乘客，大家好！

Gèwèi chéngkè, dàjiā hǎo!

现在是机内免税品销售时间。

Xiànzài shì jīnèi miánshuìpǐn xiāoshòu shíjiān.

如果您有什么需要，可以参阅购物手册。

Rúguǒ nín yǒu shénme xūyào, kěyǐ cānyuè gòuwù shǒucè.

……

乘务员：您好，请问需要什么？

Nínhǎo, qǐngwèn xūyào shénme?

乘　客：有香水吗？

Yǒu xiāngshuǐ ma?

乘务员：有，这个怎么样？

Yǒu, zhè gè zěnmeyàng?

这是我们目前卖得最好的一款香水。

Zhè shì wǒmen mùqián mài de zuìhǎo de yì kuǎn xiāngshuǐ.

乘　客：是吗？多少钱？

Shìma? duōshao qián?

승무원 : 승객 여러분, 안녕하십니까?
　　　　지금부터 면세품을 판매하겠습니다.
　　　　필요한 것은 기내지를 참조해 주세요.

　　　　……

승무원 : 손님, 필요하신 것이 있으신가요?

승　객 : 향수도 있습니까?

승무원 : 네, 이것은 어떠세요? 인기가 제일 좋은 향수입니다.

승　객 : 그래요? 얼마입니까?

乘务员：85美元。

Bāshí wǔ měiyuán.

乘　客：给我一瓶。

Gěi wǒ yì píng.

乘务员：请问您怎么结算，

Qǐngwèn nín zěnme jiésuàn,

现金还是信用卡？

xiànjīn háishì xìnyòngkǎ?

乘　客：旅行支票可以吗？

Lǚxíng zhīpiào kěyǐ ma?

乘务员：可以，请在旅行支票后面写上您的姓名、

Kěyǐ, qǐng zài lǚxíng zhīpiào hòumiàn xiěshàng nín de xìngmíng,

国籍和护照号码，并签字。

guójí hé hùzhào hàomǎ, bìng qiānzì.

······

乘务员：您的香水，请拿好，谢谢！

Nín de xiāngshuǐ, qǐng ná háo, xièxie!

승무원 : 85달러입니다.

승　객 : 한 병 주세요.

승무원 : 계산은 어떻게 하시겠습니까? (현금, 카드)

승　객 : 여행자수표는 가능한가요?

승무원 : 네, 여행자수표에 성함, 국적, 그리고 여권번호를 써주시고 앞에 서명해
　　　　주시기 바랍니다.

　　　　　……

승무원 : 향수입니다. 잘 보관해 주세요. 감사합니다.

免税品 miǎnshuìpǐn 면세품

销售 xiāoshòu 판매

时间 shíjiān 시간

参阅 cānyuè 참고하다

购物手册 gòuwùshǒucè 기내지

目前 mùqián 지금, 현재

卖 mài 팔다, 판매하다

得 de (동사 뒤에 결과를 나타내는 보어와 연결시킴)

最好 zuìhǎo 제일 좋다

款 kuǎn 스타일, 패턴, 디자인

香水 xiāngshuǐ 향수

结算 jiésuàn 결산하다

现金 xiànjīn 현금

信用卡 xìnyòngkǎ 신용카드

旅行支票 lǚxíng zhīpiào 여행자수표

姓名 xìngmíng 성명

国籍 guójí 국적

护照号码 hùzhàohàomǎ 여권번호

签字 qiānzì 서명하다, 사인하다

拿 ná (손으로) 쥐다, 가지다

표현 익히기

① 多少钱

'多少'는 숫자에 대해 질문할 때 쓰는 표현인데, 가격을 물어볼 때는 '多少'을 이용해 '多少钱'이라 묻습니다. 일반적으로 수량과 같이 쓴다.

- **多少钱一瓶？** 한 병에 얼마입니까?
  Duōshǎo qián yì píng?

- **一瓶多少钱？** 한 병에 얼마입니까?
  Yì píng duōshǎo qián?

② 得

'得'는 구조구사로 술어 뒤에 쓰여 술어와 보어(정도, 가능)를 연결하는 역할을 한다.

주어 + 술어 + 得 + 보어(정도, 가능)

- **她们服务得很周到。** 그 승무원들이 업무처리를 아주 잘했어요.
  Tāmen fúwù de hěn zhōudào.

③ ～ 还是～

'～ 还是～'를 통해서 두 가지 가능한 대답을 제시하고, 상대방이 둘 중 하나를 선택하여 대답하도록 요구하는 형식의 의문문이다.

- A : 你去还是不去？ 갈 거예요? 안 갈 거예요?
  Nǐ qù háishì bú qù?

- B : 我不去。　　　저는 가지 않겠습니다.
  Wǒ búqù.

주어진 단어와 문장으로 빈칸을 중국어로 채우고, 한국어로도 작성하시오.

参阅购物手册　　　按呼叫键

1 如果您有什么需要，可以 ＿＿＿＿＿＿＿＿＿＿＿＿＿＿＿。

　（ ＿＿＿＿＿＿＿＿＿＿＿＿＿＿＿＿＿ ）

2 如果您有什么需要，可以 ＿＿＿＿＿＿＿＿＿＿＿＿＿＿＿。

　（ ＿＿＿＿＿＿＿＿＿＿＿＿＿＿＿＿＿ ）

一种酒　　　饰品

1 这是我们目前卖得最好的 ＿＿＿＿＿＿＿＿＿＿＿＿＿。

　（ ＿＿＿＿＿＿＿＿＿＿＿＿＿＿＿＿＿ ）

2 这是我们目前卖得最好的 ＿＿＿＿＿＿＿＿＿＿＿＿＿。

　（ ＿＿＿＿＿＿＿＿＿＿＿＿＿＿＿＿＿ ）

2) 주문 및 결산(현금결산)

 중국어 실무표현

◉ 请问您要购买免税品吗？

Qǐngwèn nín yào gòumǎi miǎnshuìpǐn ma?

◉ 酒的种类很多，您可以参阅购物手册。

Jiǔ de zhǒnglèi hěn duō, nín kěyǐ cānyuè gòuwù shǒucè.

◉ 芝华士12年已经卖完了，

Zhīhuáshì shí'èr nián yǐjīng mài wán le,

18年的怎么样？

shíbā nián de zěnmeyàng?

◉ 让您久等了，找您35美元，

Ràng nín jiǔděng le, zhǎo nín sānshí wǔ měiyuán,

请收好。

qǐng shōu hǎo.

한국어 실무표현

◉ 필요한 상품 있으세요?

◉ 술은 여러 종류가 있습니다. 기내면세잡지(스카이숍)를 봐주세요.

◉ CHIVAS 12년산은 모두 팔렸는데, 18년산은 어떻습니까?

◉ 오래 기다리셨습니다. 여기 잔돈 35달러입니다. (잘 보관하세요.)

乘务员：请问您要购买免税品吗？

Qǐngwèn nín yào gòumǎi miǎnshuìpǐn ma?

乘　客：都有什么酒？

Dōu yǒu shénme jiǔ?

乘务员：酒的种类很多，您可以参阅购物手册。

Jiǔ de zhǒnglèi hěn duō, nín kěyǐ cānyuè gòuwù shǒucè.

乘　客：芝华士12年多少钱一瓶？

Zhīhuáshì shí'èr nián duōshao qián yì píng?

乘务员：芝华士12年已经卖完了，18年的怎么样？

Zhīhuáshì shí'èr nián yǐjīng mài wán le, shíbā nián de zěnmeyàng?

乘　客：也好，多少钱？

Yěhǎo, duōshao qián?

乘务员：65美元。

Liùshí wǔ měiyuán.

승무원 : 필요한 상품 있으신가요?

승   객 : 어떤 술이 있습니까?

승무원 : 술은 여러 종류가 있습니다, 스카이숍을 봐주세요.

승   객 : CHIVAS 12년산은 얼마입니까?

승무원 : CHIVAS 12년산은 모두 팔렸는데, 18년산은 어떻습니까?

승   객 : 그것도 괜찮아요. 얼마입니까?

승무원 : 65달러입니다.

乘　客 : 给我一瓶，这是100美元。

Gěiwǒ yì píng, zhè shì yìbǎi měiyuán.

乘务员 : 请稍等。

Qǐng shāoděng.

......

乘务员 : 让您久等了，找您35美元，请收好。

Ràng nín jiǔděng le, zhǎo nín sānshí wǔ měiyuán, qǐng shōu hǎo.

乘　客 : 谢谢！

Xièxie!

승　객 : 그럼, 한 병 주세요, 여기 100달러입니다.

승무원 : 잠시만 기다려주세요.

　　　　……

승무원 : 오래 기다리셨습니다. 여기 잔돈 35달러입니다. (잘 보관하세요.)

승　객 : 감사합니다.

酒 jiǔ 술

种类 zhǒnglèi 종류

芝华士 zhīhuáshì CHIVAS

瓶 píng 병

久等 jiǔděng 오래 기다리다

找 zhǎo 거슬러주다

收 shōu 받아들이다

표현 익히기

① 让您久等了。

오랫동안 기다린 사람에게 미안한 마음을 표시할 때 쓰는 상용어이다.

- 让您久等了。　　　　오랫동안 기다리셨습니다.

　Ràng nín jiǔděng le.

② 找

~에게 ~을 거슬러주다.

동사 '找'는 역시 두 개의 목적어를 가질 수 있다.

- 找您10美元。　　　　10달러를 돌려드리겠습니다.

　Zhǎo nín shí měiyuán.

주어진 단어와 문장으로 빈칸을 중국어로 채우고, 한국어로도 작성하시오.

芝华士12年　　　这块手表

1 _____已经卖完了。

(_____)

2 _____已经卖完了。

(_____)

35美元　　零钱

1 找您_____。

(_____)

2 找您_____。

(_____)

★ 중국 라이프스타일

🌑 부모에게 의지하는 세대_啃老族 (컨라오주 ; 니트족)

컨라오주(간노족)은 충분히 독립할 나이가 되었는데도 부모와 떨어지지 않고 생계를 의탁하는 23~30세의 니트족(NEET: Not in Education, Employment or Training)을 일컫는다. 니트족은 정규의무교육을 마친 뒤에도 진학이나 취직을 하지 않고 직업훈련도 받지 않는 사람을 가리키는데, 고학력, 외동아이 정책, 농지부족, 엄격한 호적제도 등 제도적 측면의 부조화로 중국 내 3천만 명의 고학력 실업자들이 사회불안 요소가 되고 있다.

🌑 더치페이 하는 결혼생활

중국에서 〈AA제생활〉이라는 드라마가 방영되면서 화제를 모았다. 소설 〈AA制结婚, 더치페이 결혼〉을 각색한 드라마로, 중국에서 이제 갓 형성되기 시작한 더치페이 소비문화를 반영한 '더치페이 결혼 생활'을 그렸다. 이 드라마는 2011년 8월 실시된 중국의 새로운 혼인법을 배경으로 한다. 이 법에는 부부의 결혼 전 개인 자산에 대한 규정을 명시하고 있으며, 부부 중 한쪽이 결혼 후에도 자신의 소유를 개인자산으로 유지하고자 한다면 부부 공동자산으로 성립되지 않는다는 내용을 담고 있다. 그러나 개인 명의의 자산만 개인자산으로 인정하므로, 두 사람의 자산이 모두 투자된 경우, 반드시 두 사람의 공동명의임을 서면으로 기록해야 한다. 이는 더치페이 문화가 확산되어 가는 중국 경제문제를 반영하고 있다.

4. 응급상황 응대 *乘客突发疾病*

 중국어 실무표현

◉ 您是不是按呼叫键了，请问有什么需要？

Nín shì búshì àn hūjiàojiàn le, qǐngwèn yǒu shénme xūyào?

◉ 我们机上备有消化药，

Wǒmen jīshàng bèiyǒu xiāohuàyào,

马上给您拿过来。

mǎshàng gěi nín ná guòlái.

◉ 药在这里，请和水一起服用。

Yào zài zhèli, qǐng hé shuǐ yìqǐ fúyòng.

◉ 现在好一点儿了吗？

Xiànzài hǎo yì diǎnr le ma?

◉ 您再休息一会儿，

Nín zài xiūxi yíhuìr,

我们的飞机马上就要降落了。

wǒmen de fēijī mǎshàng jiùyào jiàngluò le.

한국어 실무표현

◉ 손님, (콜버튼을 누름) 부르셨습니까? 무엇을 도와드릴까요?

◉ 소화제가 있으니 곧 가져다 드리겠습니다.

◉ 여기 약입니다. 물과 같이 드세요.

◉ 좀 나아지셨어요?

◉ 조금 더 쉬고 계시면, 비행기가 곧 착륙하겠습니다.

乘务员 : 这位乘客，您是不是按呼叫键了，请问有什么需要？

Zhè wèi chéngkè, nín shì búshì àn hūjiàojiàn le, qǐngwèn yóu shénme xūyào?

乘　客 : 我有点儿消化不良。

Wǒ yǒu diǎnr xiāohuà bùliáng.

乘务员 : 我们机上备有消化药，马上给您拿过来。

Wǒmen jīshang bèiyǒu xiāohuàyào, mǎshàng gěi nín ná guòlái.

......

乘务员 : 药在这里，请和水一起服用。

Yào zài zhèli, qǐng hé shuǐ yìqǐ fúyòng.

......

乘务员 : 现在好一点了吗？

Xiànzài hǎo yì diǎnr le ma?

乘　客 : 好点儿了。

Hǎo diǎnr le.

乘务员 : 您再休息一会儿，我们的飞机马上就要降落了。

Nín zài xiūxi yíhuìr, wǒmen de fēijī mǎshàng jiùyào jiàngluò le.

승무원 : 손님, (콜버튼을 누름) 부르셨습니까? 무엇을 도와드릴까요?

승 객 : 체한 것 같아요.

승무원 : 소화제가 있으니 곧 가져다 드리겠습니다.

　　　　　……

승무원 : 여기 약입니다. 물과 같이 드세요.

승무원 : 지금은 컨디션 어떠신가요?

승 객 : 좀 나아졌어요.

승무원 : 편히 쉬세요. 비행기가 곧 착륙합니다.

按 àn (손가락으로) 누르다

服用 fúyòng 복용하다, 먹다

呼叫键 hūjiàojiàn 콜 버튼

休息 xiūxi 쉬다, 휴식하다

备有 bèiyǒu (필요한 것을) 준비하다

一会儿 yíhuìr 짧은 시간, 잠시

药 yào 약, 대략

降落 jiàngluò 착륙하다

过来 guòlái 다가오다 (동사 뒤에 쓰여 사람이나 사물이 자신의 쪽으로 다가옴을 나타냄)

消化不良 xiāohuà bùliáng 소화불량

표현 익히기

① 您是不是按呼叫键了?

중국어 의문문을 만드는 또 하나의 방법은 정반(正反) 의문문이다. 술어(동사나 형용사)의 긍정형과 부정형을 연이어 사용해서 만든 문장을 말한다.

㉠ 동사형 정반의문문

- A : 你喜不喜欢?　　이것이 좋으세요? 싫으세요?
  Nǐ xǐ bù xǐhuān?

- B : 我喜欢。　　저는 좋아요.
  Wǒ xǐhuān.

㉡ 형용사형 정반의문문

- A : 天气冷不冷?　　날씨가 추운가요? 그렇지 않은가요?
  Tiānqì lěng bù lěng?

- B : 不冷。　　안 추워요.
  Bù lěng.

② 一会儿

㉠ 잠시, 잠깐

> ▪ 请您休息一会儿。　　(손님) 잠시 편히 쉬세요.
> Qǐng nín xiūxi yíhuìr.

㉡ 곧

> ▪ 我一会儿就来。　　제가 잠시 후에 오겠습니다.
> Wǒ yíhuìr jiù lái.

주어진 단어와 문장으로 빈칸을 중국어로 채우고, 한국어로도 작성하시오.

休息　　　等

1 您再 ＿＿＿＿＿＿＿＿＿＿＿ 一会儿。

　　（　　　　　　　　　　　　　　　　　　　　）

2 您再 ＿＿＿＿＿＿＿＿＿＿＿ 一会儿。

　　（　　　　　　　　　　　　　　　　　　　　）

5. 입국서류 작성 入境材料填写

 중국어 실무표현

⚙ 请问，您的最终目的地是哪里？

Qǐngwèn, nín de zuìzhōng mùdìdì shì nǎli?

⚙ 请填写海关申报单和入境卡。

Qǐng tiánxiě hǎiguān shēnbàndān hé rùjìngkǎ.

⚙ 你们是一家人吗？

Nǐmen shì yì jiā rén ma?

⚙ 一家人填写一张海关申报单就可以了。

Yì jiā rén tiánxiě yì zhāng hǎiguān shēnbàodān jiù kěyǐ le.

⚙ 入境卡每人都要填写一张。

Rùjìngkǎ měi rén dōu yào tiánxiě yì zhāng.

⚙ 您好，请填写入境资料。

Nín hǎo, qǐng tiánxiě rùjìng zīliào.

⚙ 好的，我马上再给您拿一张。

Hǎode, wǒ mǎshàng zài gěi nín ná yì zhāng.

⚙ 没有要申报的东西，也要填写海关申报单。

Méiyóu yào shēnbào de dōngxi, yěyào tiánxiě hǎiguān shēnbàodān.

한국어 실무표현

◎ 손님, 최종 목적지가 어디입니까?

◎ 그럼 입국카드 그리고 세관신고서를 작성해 주시기 바랍니다.

◎ 한 가족이십니까?

◎ 그럼 세관신고서는 (가족당) 1부만 작성하시면 됩니다.

◎ 입국카드는 한 사람에 1부씩 작성해야 합니다.

◎ 입국서류를 작성해 주시기 바랍니다.

◎ 금방 가져다 드리겠습니다.

◎ 신고할 물품이 없으셔도 세관신고서는 전원 작성해야 합니다.

乘务员 : 请问，您的最终目的地是哪里？
Qǐngwèn, nín de zuìzhōng mùdìdì shì nǎli?

乘　客 : 韩国首尔。
HánGuó Shǒu'ěr.

乘务员 : 请填写海关申报单和入境卡。
Qǐng tiánxiě hǎiguān shēnbàodān hé rùjìngkǎ.

乘　客 : 好的。
Hǎode.

乘务员 : 你们是一家人吗？
Nǐmen shì yì jiā rén ma?

乘　客 : 是的。
Shìde.

乘务员 : 一家人填写一张海关申报单就可以了。
Yì jiā rén tiánxiě yì zhāng hǎiguān shēnbàodān jiù kěyǐ le.

乘　客 : 入境卡呢？
Rùjìngkǎ ne?

乘务员 : 入境卡每人都要填写一张。
Rùjìngkǎ měi rén dōuyào tiánxiě yì zhāng.

乘　客 : 好的。
Hǎode.

승무원 : 실례합니다. 손님, 최종 목적지가 어디입니까?

승　객 : 한국 서울입니다.

승무원 : 그럼 입국카드 그리고 세관신고서를 작성해 주시기 바랍니다.

승　객 : 네.

승무원 : 한 가족이십니까?

승　객 : 네.

승무원 : 그러면 세관신고서는 (가족당) 1부만 작성하시면 됩니다.

승　객 : 입국카드는요?

승무원 : 입국카드는 한 사람에 1부씩 작성해야 합니다.

승　객 : 네, 알겠습니다.

乘务员 : 您好, 请填写入境资料。

           Nín hǎo, qǐng tiánxiě rùjìng zīliào.

乘 客A : 好的。

           Hǎode.

           ……

乘 客A : 我写错了, 再给我一张。

           Wǒ xiě cuò le, zài gěi wǒ yì zhāng.

乘务员 : 好的, 我马上再给您拿一张。

           Hǎode, wǒ mǎshàng zài gěi nín ná yì zhāng.

乘 客B : 我没有要申报的东西。

           Wǒ méiyǒu yào shēnbào de dōngxi.

乘务员 : 没有要申报的东西, 也要填写海关申报单。

           Méiyǒu yào shénbào de dōngxi, yě yào tiánxiě hǎiguān shēnbàodān.

乘 客B : 知道了, 谢谢！

           Zhīdào le, xièxie!

乘务员 : 不客气。

           Búkèqi.

승무원 : 손님, 입국서류를 작성해 주시기 바랍니다.

승객A : 네.

......

승객A : 잘못 작성했는데, 한 장 더 주세요.

승무원 : 네 금방 가져다 드리겠습니다.

승객B : 세관에 신고할 건 없는데요.

승무원 : 신고할 물품이 없으셔도 세관신고서는 전원 작성해야 합니다.

승객B : 알겠습니다. 감사합니다.

승무원 : 별말씀을요.

最终 zuìzhōng 최후의, 최종의

目的地 mùdìdì 목적지

哪里 nǎli 어디, 어느 곳

填写 tiánxiě 써놓다, 기입하다

海关 hǎiguān 세관

申报单 shēnbàodān 신고서

入境卡 rùjìngkǎ 입국카드

家 jiā 가정

张 zhāng 장

每 měi 각, ~마다

资料 zīliào 자료

写 xiě 쓰다, 적다

错 cuò 틀리다

申报 shēnbào (관련 기관에) 서면으로
보고하다

首尔 Shǒu'ěr 서울

표현 익히기

① 哪里

'哪里'는 의문대명사로 장소나 위치를 물을 때 쓰는 표현이다. '哪里'와 '哪儿'의 뜻은 같다.

- **你去哪里 (哪儿)？** 어디 가세요?
  Nǐ qù nǎli (nǎr)?

② 양사 '张'

'张'는 종이, 가죽, 책상, 침대 등 평면이 있는 것을 세는 양사이다.

- **一张桌子** 책상 한 개
  Yì zhāng zhuōzi

- **一张床** 침대 하나
  Yì zhāng chuáng

연습 주어진 단어와 문장으로 빈칸을 중국어로 채우고, 한국어로도 작성하시오.

哪里　　　首尔

1 您的最终目的地是＿＿＿＿＿＿＿＿＿＿＿？

（　＿＿＿＿＿＿＿＿＿＿＿＿＿＿＿＿＿＿＿　）

2 您的最终目的地是＿＿＿＿＿＿＿＿＿＿吗？

（　＿＿＿＿＿＿＿＿＿＿＿＿＿＿＿＿＿＿＿　）

★ 중국의 교육제도

중국의 학제는 한국과 같이 6-3-3-4제를 기본 학제로 하고 있으나, 농촌 및 내륙지역 등 일부 지역
은 생활 수준과 지역 실정에 따라 일부 변형된 학제를 운영하기도 한다. 중국의 학교교육은 그 기능에
따라 기초교육(유치원, 초등학교, 중등교육), 직업기술교육, 고등교육 및 성인교육으로 구분한다. 학기
는 9월에 신학기가 시작되어 다음 해 7월에 끝나는 2학기제로 운영되며, 1995년부터 주5일제 수업을
실시하고 있다. 초등학교 입학은 6~7살에 주로 이루어지고, 중학교까지는 의무교육이고 고등학교부
터 대학은 자율적으로 진학이 이루어지며 고교진학률이 높은 편이고, 대학진학의 열의도 높은 편이다.
대학입시를 '가오카오(高考)'라고 하는데 6월에 이루어지고 2일간에 걸쳐 시험이 치러지는데 첫째 날
은 국어와 수학, 둘째 날은 문과/이과 선택심화과목, 영어 시험이 있다.

6. 착륙준비 및 착륙 着陆准备及着陆

 중국어 실무표현

◉ 飞机马上就要降落了,

Fēi jī mǎ shàng jiù yào jiàng luò le,

为了您的安全, 请打开遮光板(调直座椅靠背)。

wèi le nín de ān quán, qǐng dǎ kāi zhē guāng bǎn(tiáo zhí zuò yǐ kào bèi).

◉ 请各位乘客再次检查是否系好安全带。

Qǐng gèwèi chéngkè zàicì jiǎnchá shìfǒu jì hǎo ānquándài.

◉ 请各位乘客暂时不要离开座位。

Qǐng gèwèi chéngkè zànshí búyào líkāi zuòwèi.

◉ 辛苦了, 请慢走!

Xīnkǔ le, qǐng mànzǒu!

◉ 下次旅行再见, 祝您旅途愉快!

Xiàcì lǚxíng zàijiàn, zhù nín lǚtú yúkuài!

한국어 실무표현

◉ 비행기가 곧 착륙하겠습니다. 안전을 위하여 등받이를 제자리로 해 주시기
바랍니다(또는 등받이를 세워 주시기 바랍니다).
감사합니다.

◉ 다시 한번 안전벨트를 잘 매셨는지 확인해 주시기 바랍니다.

◉ 승객 여러분, 잠시만 자리에 앉아 계시기 바랍니다.

◉ 수고하셨습니다. 안녕히 가십시오.

◉ 다음에 다시 뵙겠습니다. 즐거운 여행 되세요.

乘务员：您好，我们的飞机马上就要降落了，

Nín hǎo, wǒmen de fēijī mǎshàng jiùyào jiàngluò le,

请您调直座椅靠背，谢谢！

qǐng nín tiáo zhí zuòyǐ kàobèi, xièxie!

⋯⋯

乘务员：对不起，飞机马上就要降落了，

Duìbùqǐ, fēijī mǎshàng jiùyào jiàngluò le,

为了您的安全，请打开遮光板。

wèile nín de ānquán, qǐng dǎkāi zhēguāngbǎn.

⋯⋯

乘务员：请各位乘客再次检查是否系好安全带，

Qǐng gèwèi chéngkè zàicì jiǎnchá shìfǒu jì hǎo ānquándài,

我们的飞机马上就要降落了。

wǒmen de fēijī mǎshàng jiùyào jiàngluò le.

（着陆）

회화

승무원 : 손님, 비행기가 곧 착륙하겠습니다. 등받이를 세워주시기 바랍니다.
감사합니다.

⋯⋯

승무원 : 죄송합니다만, 곧 착륙하겠습니다. 안전을 위해 창문커튼(차광판)은 열
어주시기 바랍니다.

⋯⋯

승무원 : 손님, 다시 한번 안전벨트를 잘 매셨는지 확인해 주시기 바랍니다.
비행기가 곧 착륙하겠습니다.

(착륙)

乘务员：请各位乘客暂时不要离开座位。

Qǐng gèwèi chéngkè zànshí búyào líkāi zuòwèi.

……

乘务员：辛苦了，请慢走！

Xīnkǔ le, qǐng mànzǒu!

乘　客：再见！

Zàijiàn!

乘务员：下次旅行再见，祝您旅途愉快！

Xiàcì lǚxíng zàijiàn, zhù nín lǚtù yúkuài!

승무원 : 승객 여러분, 잠시만 자리에 앉아 계시기 바랍니다.

　　　　……

승무원 : 수고하셨습니다. 안녕히 가십시오.

승무원 : 안녕히 가십시오.

승무원 : 다음 여행에 또 뵙겠습니다. 즐거운 여행 되세요.

各位 gèwèi 여러분

再次 zàicì 다시 한번

检查 jiǎnchá 검사하다, 조사하다

暂时 zànshí 잠깐, 잠시

离开 líkāi 떠나다, 벗어나다

辛苦 xīnkǔ 고생스럽다

下次 xiàcì 다음에, 나중에

旅行 lǚxíng 여행

표현 익히기

① 再次

'再次'은 '다시 한번'이라는 뜻으로 동사 앞에 쓴다.

- 欢迎再次光临。　　다시 뵙기를 바랍니다.
  Huānyíng zàicì guānglín.

② 请慢走！

'请慢走(qǐng màn zǒu)'는 '조심히 가세요/안녕히 가세요'라는 뜻으로 공손하게
대접해야 할 사람에게 자주 쓰는 인사말이다.

연습 주어진 단어와 문장으로 빈칸을 중국어로 채우고, 한국어로도 작성하시오.

系好安全带　　　打开遮光板

1 为了您的安全, 请＿＿＿＿＿＿＿＿＿＿＿＿＿＿＿。

(＿＿＿＿＿＿＿＿＿＿＿＿＿＿＿＿＿＿＿＿)

2 为了您的安全, 请＿＿＿＿＿＿＿＿＿＿＿＿＿＿＿。

(＿＿＿＿＿＿＿＿＿＿＿＿＿＿＿＿＿＿＿＿)

离开座位　　　起来

1 请各位乘客暂时不要＿＿＿＿＿＿＿＿＿＿＿＿＿。

(＿＿＿＿＿＿＿＿＿＿＿＿＿＿＿＿＿＿＿＿)

2 请各位乘客暂时不要＿＿＿＿＿＿＿＿＿＿＿＿＿。

(＿＿＿＿＿＿＿＿＿＿＿＿＿＿＿＿＿＿＿＿)

★ 중국의 대학생

중국의 대학생들은 전부 기숙사 생활을 하며 취업나이는 우리와 비슷하여 취업준비를 1학년부터 하는 경우가 많다. 수업은 아침 8시에서 5시까지 이루어지고 쪽지시험을 불시에 치르는 경우가 많아 대학생들도 결석하는 경우는 거의 없다. 중국학생들의 동아리나 학생회 활동 등은 한국학생들과 유사하다. 수업 후 도서관에서 늦게까지 공부를 한다. 기숙사는 11시면 소등하여 다음 날 6시에 전기가 들어오므로 복도나 화장실 등에서 공부하는 학생들도 많다.

우리나라와 다른 점은 중국은 대학생이 되면 군사훈련을 1달 정도 받는데 교관들을 불러 학교에서 실시하는 경우가 많다. 훈련은 5시 기상부터 기숙사 정리, 집합하여 군사훈련을 받는 등 강도는 학교마다 다르지만 기본제식과 행군 등이 이루어지고 밤 10시에 해산을 한다.

대학원을 진학하는 학생들은 3~4학년에 준비를 하는데 이때는 학교의 허락을 받아 학교 부근에서 자취를 허용하기도 한다. 몸이 아파 공부할 수 없는 경우가 아니면 휴학하는 경우는 거의 드물다.

시진핑(習近平) 국가 주석은 대학의 사상 교육을 강화하기 위해 대학교수들은 강의실에서 정치 · 법률 · 도덕의 한계선을 지켜야 하며 공산당 비판하는 토론을 하지 못하도록 막고 있다. 또 학생들이 서방 가치관을 전파하는 교재들을 강의실에 가져와서도 안 되며 당의 영도를 비방하는 발언을 절대 허용하지 않는다. 또 중국 교육부와 공산주의청년단(공청단)은 전국 초 · 중 · 고 · 대학에 대해 사회주의 핵심 가치관 교육을 강화하고 있다. 핵심 가치관은 국가 가치로 부강, 민주, 문명, 화해가 제시됐고 사회적 가치로는 자유, 평등, 공정, 법치가 강조됐으며 개인 가치로는 애국, 직업 충실, 성실, 우애 등을 내세웠다.

🌑 중국 대학생의 선호 직장

기업 브랜딩 전문업체 유니버섬(Universum)에 따르면 중국 공학계열 대학생들은 가장 취업하고 싶은 회사로 통신기업인 화웨이를 꼽았다. 지난달 세계 주요 대학 학부생들을 대상으로 조사했을 당시 가장 이상적인 직장으로 선정됐던 구글은 화웨이에 밀려 2위로 내려갔다.

화웨이뿐만 아니다. 레노버 텐센트 알리바바 바이두 등 이미 세계시장에 이름을 알린 중국 IT기업들의 선호도도 크게 높아졌다. 금융업계에서도 자국기업 선호도가 대단하다. 중국 경영학과 학생들은 중국은행(Bank of China)과 공상은행(ICBC)을 최고의 직장 1, 2위로 꼽았다. 3위는 미국의 씨티그룹이 차지했다.

과거와는 다른 대외적 위상과 향후 성장세 등은 중국 청년층들이 외국계 대신 자국 기업을 선택하는 주된 요인이다. 한 대학 졸업생은 "중국기업들은 해외 연수 등 폭넓은 기회를 제공하고 있다"며 자국 기업에 대한 관심을 드러냈다.

출처 : www.newspim.com

항공중국어

PART 3

기내방송

기내방송

1. 탑승 안내방송

중국어

亲爱的旅客朋友们,

Qīn'ài de lǚkè péngyǒumen,

欢迎您来到○○○航空 "空中之家"。

huānyíng nín láidào ○○○hángkōng 'kōngzhōng zhī jiā'.

当您进入客舱后,

Dāng nín jìnrù kècāng hòu,

请留意行李架边缘的座位号, 对号入座。

qǐng liúyì xínglǐjià biānyuán de zuòwèihào, duìhào rù zuò.

您的手提物品可以放在行李架内或座椅下方。

Nín de shǒutí wùpǐn kěyǐ fàngzài xínglǐjià nèi huò zuòyǐ xiàfāng.

请保持过道及紧急出口通畅。

Qǐng bǎochí guòdào jí jǐnjí chūkǒu tōngchàng.

如果有需要帮助的旅客，我们很乐意协助您。

Rúguǒ yǒu xūyào bāngzhù de lǚkè, wǒmen hěn lèyì xiézhù nín.

○○航空愿伴您度过一个温馨愉快的空中之旅。谢谢！

○○hángkōng yuàn bàn nín dùguò yí gè wēnxīn yúkuài de kōngzhōng zhīlǚ. Xièxie!

한국어

손님 여러분,

○○항공을 탑승해 주셔서 감사합니다. 기내로 들어가시면 빠른 시간 내 착석해 주시기 바라며 좌석 위 선반에 좌석번호가 표기되어 있습니다. 휴대하신 수하물은 좌석 아래나 선반에 넣어주시기 바랍니다. 도움이 필요하시면 저희 승무원을 불러 주십시오. 즐거운 여행 되시기 바랍니다. 감사합니다.

영어

Ladies and Gentlemen:

Welcome abroad ○○ Airlines. As you enter the cabin, please take your seat as soon as possible. Your seat number is indicated on the edge of the overhead bins.

Please put your carry-on baggage in the overhead bin or under the seat in front of you. If you need any assistance, we are glad to help you. We wish you a pleasant journey. Thank you!

2. 비행기 문 닫은 후 방송

중국어

亲爱的旅客朋友们：飞机客舱门已经关闭。

Qīn'ài de lǚkè péngyǒumen: Fēijī kècāngmén yǐjīng guānbì.

为了您的安全，在飞机起飞和下降过程中，

Wèile nín de ānquán, zài fēijī qǐfēi hé xiàjiàng guòchéng zhōng,

请将手机及遥控电子设备调至飞行模式。

qǐng jiāng shǒujī jí yáokòng diànzǐ shèbèi tiáo zhì fēixíng móshì.

飞机平飞后，手提电脑可以使用，下降前请关闭。

Fēijī píngfēi hòu, shǒutí diànnǎo kěyǐ shǐyòng, xiàjiàng qián qǐng guānbì.

在本次航班上请您不要吸烟。

Zài běncì hángbān shàng qǐng nín búyào xīyān.

谢谢您的合作！

Xièxie nín de hézuò!

한국어

손님 여러분,

비행기 문을 닫았습니다. 여러분의 안전을 위해 핸드폰과 전자기기는 전원을 끄거나 비행모드로 전환하여 주시기 바랍니다. 노트북은 이륙과 착륙 시에는 사용하실 수 없습니다. 기내에서 금연해 주시기 바랍니다.

여러분의 협조에 감사합니다.

영어

Ladies and Gentlemen:

The cabin door is closed. For your safety, please do not use your mobile phones and certain electronic devices on board at any time. Laptop computers may not be used during take-off and landing. Please ensure that your mobile phone is turned off. This is a non－smoking flight, please do not smoke on board.

Thank you for your cooperation.

3. 인사말(환영인사)

1) 일반상황

중국어

尊敬的女士们，先生们，你们好！

Zūnjìng de nǚshìmen, xiānshēngmen, nǐmen hǎo!

我是本次航班的乘务长 ○○○，

Wǒ shì běncì hángbān de chéngwùzhǎng ○○○,

首先我代表○○○ 航空向您致以最诚挚的问候，

shǒuxiān wǒ dàibiǎo ○○○ hángkōng xiàng nín zhìyǐ zuì chéngzhì de wènhòu,

很高兴又与您相聚 ○○○ 航。

hěn gāoxìng yòu yǔnín xiāngjù ○○○ háng.

我们的团队将精诚合作，为您带来轻松愉快的旅途！

Wǒmen de tuánduì jiāng jīngchéng hézuò, wèi nín dàilái qīngsōng yúkuài de lǚtú!

한국어

손님 여러분, 안녕하십니까?

저는 사무장 ○○○입니다. ○○항공에 탑승해 주셔서 감사합니다. 여러분을 모시게 되어 다시 한번 기쁘게 생각합니다. 최선을 다하겠습니다. 즐거운 여행 되시기 바랍니다.

영어

Good (morning / afternoon / evening), ladies and gentlemen:

I am ○○○, your purser. On behalf of ○○ Airlines, we extend the most sincere greetings to you. It is a pleasure to see you again!

Our team is looking forward to making your journey with us, a safe and pleasant one. Thank you!

2) 이륙지연

중국어

尊敬的女士们, 先生们 : 你们好!

Zūnjìng de nǚshìmen, xiānshēngmen: Nǐmen hao!

我是本次航班的乘务长 ○○○,

Wǒ shì běncì hángbān de chéngwùzhǎng ○○○,

首先我代表 ○○○ 航空向您致以最诚挚的问候。

shǒuxiān wǒ dàibiǎo ○○○ hángkōng xiàng nín zhìyǐ zuì chéngzhì de wènhòu.

今天由于(飞机晚到 /

Jīntiān yóuyú(fēijī wǎndào /

机场天气不符合飞行标准 /

jīchǎng tiānqì bù fúhé fēixíng biāozhǔn /

航路交通管制/机场跑道繁忙 /

hánglù jiāotōng guǎnzhì / jīchǎng pǎodào fánmáng /

飞机故障/等待旅客 /

fēijī gùzhàng / děngdài lǚkè /

装货等待/临时加餐), 耽误了您的旅行时间,

zhuānghuò děngdài / línshí jiācān), dānwù le nín de lǚxíng shíjiān,

希望能得到您的谅解。祝您旅途愉快!谢谢!

xīwàng néng dédào nín de liàngjiě. Zhù nín lǚtú yúkuài! Xièxie!

한국어

손님 여러분 안녕하십니까?

저는 사무장 ○○○입니다. ○○항공에 탑승해 주셔서 감사합니다. [항공기 연착, 기상악화, 항공기 혼잡, 공항혼잡, 정비상의 문제, 아직 탑승하지 않으신 손님을 기다리느라, 화물탑재, 기내식 탑재로 인해 지연되어 사과의 말씀 드립니다. 안전하고 즐거운 여행 되시기 바랍니다. 감사합니다.

영어

Good (morning / afternoon / evening), ladies and gentlemen:

I am ○○○, your purser. On behalf of ○○Airlines, we extend the most sincere greetings to you. We are sorry for the brief delay due to (aircraft late arrival / unfavorable weather conditions / air traffic control / airport congestion / mechanical problems / waiting for some passengers / cargo loading / catering). Our team is looking forward to making your journey with us, a safe and pleasant one. Thank you!

4. 비디오 안전시범

중국어

女士们，先生们：

Nǚshìmen, xiānshēngmen:

现在我们将为您播放安全演示录像，请注意观看。

Xiànzài wǒmen jiāng wèi nín bōfàng ānquán yǎnshì lùxiàng, qǐng zhùyì guānkān.

如有疑问，请随时与乘务员联系。谢谢！

Rúyǒu yíwèn, qǐng suíshí yǔ chéngwùyuán liánxì. Xièxie!

한국어

손님 여러분 안녕하십니까?

비행 안전에 대한 설명에 주목해 주시기 바랍니다. 안전에 대한 비디오를 보신 후 질문 있으시면 저희 승무원을 불러주시기 바랍니다. 감사합니다.

영어

Ladies and Gentlemen:

May we please have your attention for the safety demonstration? If you have any questions after the safety video, please contact the flight attendants. Thank you!

5. 이륙 전 안전검사

1) 주간

중국어

女士们，先生们：

Nǚshìmen, xiānshēngmen:

我们的飞机很快就要起飞了，

Wǒmen de fēijī hěn kuài jiùyào qǐfēi le,

请您配合客舱乘务员的安全检查，系好安全带，

qǐng nín pèihé kècāng chéngwùyuán de ānquán jiǎnchá, jì hǎo ānquándài,

收起小桌板，调直座椅靠背，

shōuqǐ xiǎozhuōbǎn, tiáozhí zuòyǐ kàobèi,

靠窗的旅客请协助将遮光板拉开。

kào chuāng de lǚkè qǐng xiézhù jiāng zhēguāngbǎn lākāi.

谢谢您的合作！祝您旅途愉快！

Xièxie nín de hézuò! Zhù nín lǚtú yúkuài!

한국어

손님 여러분,

이 비행기는 곧 출발하겠습니다. 좌석벨트를 매주시고, 좌석등받이는 세워주시고, 좌석 앞 테이블은 제자리로 해주시기 바랍니다. 창문 쪽에 앉아 계시는 손님은 창문커튼을 열어주시기 바랍니다. 감사합니다.

영어

Ladies and Gentlemen:

We will be taking off shortly. Please be seated, fasten your seat belt and make sure that your tray table is closed, your seat back is in upright position. If you are sitting in a window seat, please help us by opening the sunshade. Thank you!

2) 야간

중국어

女士们，先生们：

Nǚshìmen, xiānshēngmen:

我们的飞机很快就要起飞了，

wǒmen de fēijī hěn kuài jiùyào qǐfēi le,

请您配合客舱乘务员的安全检查，

qǐng nín pèihé kècāng chéngwùyuán de ānquán jiǎnchá,

系好安全带，收起小桌板，调直座椅靠背，

jì hǎo ānquándài, shōuqǐ xiǎozhuōbǎn, tiáozhí zuòyǐ kàobèi,

靠窗的旅客请协助将遮光板拉开。

kào chuāng de lǚkè qǐng xiézhù jiāng zhēguāngbǎn lākāi.

同时，我们将调暗客舱灯光，

Tóngshí, wǒmen jiāng tiáoʾ àn kècāng dēngguāng,

如果您需要阅读，请打开阅读灯。

rúguó nín xūyào yuèdú, qǐng dǎkāi yuèdúdēng.

谢谢您的合作！祝您旅途愉快！

Xièxie nín de hézuò! Zhù nín lǚtú yúkuài!

한국어

손님 여러분,

이 비행기는 곧 출발하겠습니다. 좌석벨트를 매주시고, 좌석등받이는 세워주시고, 좌석 앞 테이블은 제자리로 해주시기 바랍니다. 창문 쪽에 앉아 계시는 손님은 창문커튼을 열어주시기 바랍니다. 책을 읽으실 때 기내가 어두우니 독서등을 켜주시기 바랍니다. 감사합니다.

영어

Ladies and Gentlemen:

We will be taking off shortly. Please be seated, fasten your seat belt and make sure that your tray table is closed, your seat back is in upright position. If you are sitting in a window seat, please help us by opening the sunshade. We will be dimming the cabin lights. If you wish to read, please turn on your reading light. Thank you!

중국어

尊敬的女士们、先生们：

Zūnjìng de nǚshìmen, xiānshēngmen:

欢迎您乘坐 ○○○航班。

Huānyíng nín chéngzuò ○○○ hángbān.

本次航班为○○○航空公司和 ○○○

Běncì hángbān wéi ○○○ hángkōng gōngsī hé ○○○

航空公司的代码共享航班。

hángkōng gōngsī de dàimǎ gòngxiǎng hángbān.

本次航班到达目的地的飞行距离为 ＿＿千米，

Běncì hángbān dàodá mùdìdì de fēixíng jùlí wéi ＿＿ qiānmǐ,

预定飞行时间为 ＿＿小时＿＿分钟。

yùdìng fēixíng shíjiān wéi＿＿xiǎoshí＿＿fēnzhōng.

我们经过的主要城市有 ＿＿，

Wǒmen jīngguò de zhǔyào chéngshì yǒu ＿＿,

我们还将飞越 (海洋、山脉、河流、湖泊)。

wǒmen hái jiāng fēiyuè (hǎiyáng、shānmài、héliú、húpō).

在飞行全程中，

Zài fēixíng quánchéng zhōng,

可能会出现因气流变化引起的突然颠簸，

kěnéng huì chūxiàn yīn qìliú biànhuà yǐnqǐ de tūrán diānbō,

我们特别提醒您，注意系好安全带。

wǒmen tèbié tíxǐng nín, zhùyì jì hǎo ānquándài.

旅途中，我们为您准备了餐点及各种饮料。

Lǚtú zhōng, wǒmen wèi nín zhǔnbèi le cāndiǎn jí gèzhǒng yǐnliào.

在供餐之后，有免税商品出售，

Zài gòngcān zhī hòu, yǒu miǎnshuì shāngpǐn chūshòu,

欢迎选购。

huānyíng xuǎngòu.

如果需要帮助，我们很乐意随时为您服务。

Rúguǒ xūyào bāngzhù, wǒmen hěn lèyì suíshí wèinín fúwù.

祝您旅途愉快！ 谢谢！

Zhù nín lǚtú yúkuài! Xièxie!

한국어

손님 여러분,

○○항공___편(○○항공과 공동운항편)을 탑승해 주셔서 감사합니다.

목적지 _____ 까지의 거리는 _____킬로미터이며, 비행시간은 ___시간 ___분으로 예정하고 있습니다.

항로상에 _____(강, 호수, 해양)을 지나서 _____ 도시를 지나며, ___ 상공 위를 비행하게 됩니다. 비행 중 예상치 못한 기체 요동이 있을 수 있으니 안전을 위해 계속해서 좌석벨트를 매주시기 바랍니다.

식사(점심, 간단한 식음료)와 기내 엔터테인먼트가 준비되어 있습니다. 식사 후에 면세품을 판매하겠습니다. 도움이 필요하면 편하게 저희를 불러주십시오. 즐거운 여행 되시기 바랍니다. 감사합니다.

영어

Ladies and Gentlemen:

Welcome you aboard ○○ flight CZ_____. (This is the code－share flight with ○○Airlines.)

We have left for ____ (via ____). The distance between ____and ____is ____ kilometers. Our flight will take ____ hours and ____ minutes.

Along this route, we will be flying over the provinces of ____, passing the cities of ____ , accrossing over the _____(river, lake, mountain and ocean).

For your safety, we strongly recommend that you keep your seat belt fastened at all times whether seated, as there may be unexpected turbulence in flight.

Breakfast (lunch, dinner / refreshments / snack and beverages) have been prepared for you. We will also show the in－flight entertainment programs. If you need any assistance, please feel comfortable to contact any one of us. We wish you a pleasant journey. Thank you.

★ 중국의 新소비 트렌드

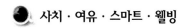 사치 · 여유 · 스마트 · 웰빙

중국은 세계에서 가장 빠른 성장속도를 이어가고 있는 국가다. 최근 몇 년간 성장률이 조금 꺾였다지만 여전히 고도성장 중이다. 경제성장과 함께 국민들의 생활수준도 크게 향상됐다. 그로 인해 새로운 유형의 소비족과 소비 트렌드도 나타났다. 이른바 화유편강(華游便康)이다.

현대경제연구원은 "중국의 신 소비 트렌드, 화유편강(華游便康)"이라는 제목의 보고서를 통해 최근 중국 내에서 다양한 특징을 가진 소비족들이 등장하고 있다고 설명했다.

이와 같은 변화는 중국의 경제성장에 따른 국민소득 증가에서 비롯된 것으로 보인다. 2005~2012년 중국의 1인당 가처분소득(도시)은 연평균 약 13%의 빠른 속도로 증가했다. 덕분에 소비시장도 확대되는 등 여건이 개선됐다.

중국 정부는 2020년까지 모든 국민들이 의식주 걱정 없이 살 수 있는 샤오캉(小康) 사회를 건설하겠다는 목표를 갖고 있어 범국민적인 소비 확대에 주력하고 있다. 최근에는 12차 5개년 계획(2011~2015년)을 통해 소비시장 확대 전략을 가시화하고 있다.

이와 같은 소득수준 향상은 사치 · 문화 · 편리 · 건강 등을 추구하는 다양한 소비족을 만들어냈다.

화 華 화(華)려함을 쫓는 사치형 소비족이 증가하고 있다. 고소득을 바탕으로 럭셔리 상품을 소비하는 라셔족이 중국 전체 가구의 30%로 증가했다는 것. 자신의 처지에 비해서 무리한 소비를 하는 유형도 있다. 소득 수준은 중간 또는 평균 이하인데 빚을 내 차를 사는 카푸어(car poor) 차누족, 신용카드를 무리하게 사용하는 카누족 등이 생겨난 것이다. 여기에 최근엔 품위 유지, 신분 과시를 내세우는 여성 럭셔리 소비자 타징지도 나타나고 있다고 한다.

유 遊 여유(游)를 추구하는 문화향유형이다. 문화를 즐기는 CC족(Culture Creative), 여유로움을 추구하는 라테족(LATTE) 등이다. 이들은 다양한 문화를 쉽게 받아들이며 여가에 대한 욕망이 강하다. 중국 소비자들의 여행, 스포츠, 헬스 등에 대한 소비욕구가 점차 두드러지면서 국내외 여행객 수가 증가하고 스포츠용품 및 아웃도어 시장이 커지고 있다. 중국의 문화소비는 2000~2010년 사이 연평균 14%씩 성장했으며, 해외여행을 떠나는 관광객도 2000년 1,000만 명에서 2012년 8,300만 명으로 8배 이상 급증한 것으로 조사됐다.

편 便 IT기기로 편(便)리성을 중시하는 스마트형 소비자들이다. 중국 최대 SNS와 인터넷 쇼핑몰 이름을 따 각각 QQ족, 타오바오족 등으로 불린다. 중국 인터넷쇼핑 시장은 2007년 520억 위안에서 2012년 약 1조 3,205억 위안으로 급성장했다. 이들은 인터넷을 통해 보다 빠르고 다양한 소비를 즐기고 있으며 상대적으로 저렴한 양질의 제품을 소비하려는 심리가 강하다.

강 康 건강(康)을 누리려는 웰빙형 소비자들이다. 소득수준이 높아지면서 친환경 가전과 녹색식품을 선호하는 소비자 러훠족, 뤼커족이 증가하고 있다. 특히 중국의 멜라민 파동 이후 친환경 제품을 찾는 소비자들이 크게 늘고 있다. 중국 정부는 2015년까지 건강 · 보건산업 시장을 1조 위안 규모로 키우겠다는 내용의 웰빙산업 관련 정책을 발표한 바 있다.

7. 기내식 안내방송

중국어

女士们、先生们：

Nǚshìmen, xiānshēngmen:

我们将为您提供餐食及各种饮料，

Wǒmen jiāng wèi nín tígòng cānshí jí gèzhǒng yǐnliào,

希望您能喜欢。

xīwàng nín néng xǐhuan.

在用餐期间，请您调直座椅靠背，

Zài yòngcān qījiān, qǐng nín tiáozhí zuòyǐ kàobèi,

以方便后排的旅客用餐。

yǐ fāngbiàn hòupái de lǚkè yòngcān.

如需要帮助，我们很乐意为您服务。谢谢！

Rú xūyào bāngzhù, wǒmen hěn lèyì wèi nín fúwù. Xièxie!

한국어

손님 여러분,

잠시 후 승무원들이 식사와 음료를 제공해 드리겠습니다. 즐거운 시간 되시기 바랍니다. 식사 중에는 뒷좌석에 앉아 계신 손님을 위하여 좌석은 바로 세워주시기 바랍니다. 도움이 필요하시면 언제든지 저희를 불러주시기 바랍니다. 감사합니다.

영어

Ladies and Gentlemen:

In a few moments, the flight attendants will be serving meal and beverages. We hope you will enjoy them. For the convenience of the passenger seated behind you, please return your seat back to the upright position during our meal service. If you need any assistance, please feel comfortable to contact us. Thank you!

8. 입국서류 작성

중국어

女士们、先生们：

Nǚshìmen, xiānshēngmen:

现在我们为您提供申报单和入境卡。

Xiànzài wǒmen wèi nín tígòng shēnbàodān hé rùjìngkǎ.

(除当地公民外，所有旅客都要填写入境卡。)

(chú dāngdì gōngmín wài, suǒyǒu lǚkè dōu yào tiánxiě rùjìngkǎ.)

为了缩短您在 ＿＿机场的停留时间，

Wèile suōduǎn nín zài ＿＿ jīchǎng de tíngliú shíjiān,

请您在飞机着陆前填好，

qǐng nín zài fēijī zhuólù qián tián hǎo,

落地后交予海关和移民局工作人员。

luòdì hòu jiāoyǔ hǎiguān hé yímínjú gōngzuò rényuán.

如需要帮助，请与乘务员联系，谢谢！

Rú xūyào bāngzhù, qǐng yǔ chéngwùyuán liánxì, xièxie!

한국어

손님 여러분,

_____공항에서의 빠른 입국수속을 위해서 착륙 전 모든 승객들은 입국신고서, 세관신고서, 검역카드를 작성해 주시기 바랍니다. 질문이 있으시면 저희 승무원을 불러주시기 바랍니다. 감사합니다.

영어

Ladies and Gentlemen:

In order to speed up your arrival formalities at _____ Airport, all passengers, including minors (who are not local citizens), are advised to complete all entry forms for Customs, Immigration and Quarantine before landing. If you have any questions, please contact the flight attendant. Thank you!

9. 면세품 판매

중국어

女士们、先生们：

Nǚshìmen, xiānshēngmen:

我们将进行机内免税品销售，

Wǒmen jiāng jìnxíng jīnèi miǎnshuìpǐn xiāoshòu,

欢迎选购！

huānyíng xuǎngòu!

各种货品均有美元价格。

Gèzhǒng huòpǐn jūnyǒu měiyuán jiàgé.

如果您想了解其它货币标价，

Rúguǒ nín xiǎng liáojiě qítā huòbì biāojià,

请咨询乘务员。

qǐng zīxún chéngwùyuán.

为了方便您购物，

Wèile fāngbiàn nín gòuwù,

我们可以接受美元旅行支票和国际信用卡。

wǒmen kěyǐ jiēshòu měiyuán lǚxíng zhīpiào hé guójì xìnyòngkǎ.

在您座椅前方的口袋里备有购物指南供您查阅，谢谢！

Zài nín zuòyǐ qián fāng de kǒudài li bèiyǒu gòuwù zhǐnán gòng nín cháyuè, xièxie!

한국어

손님 여러분,

기내면세품에 대한 안내말씀 드리겠습니다. 모든 상품 가격은 달러로 기재되어 있으며, 신용카드, 여행자수표로 계산할 수 있습니다. 환율은 승무원에게 확인해 주시기 바랍니다. 자세한 사항은 좌석 앞에 있는 면세품 안내책자를 봐주시기 바랍니다. 감사합니다.

영어

Ladies and Gentlemen:

For passengers interested in purchasing Duty Free items, we have a wide selection for sale on this flight. All items are priced in US dollars. Please check with the flight attendant for prices in other currencies (We also accept major International credit cards as well as U.S. traveller's cheques). Detailed information can be found in the Duty Free Catalog in the seat pocket in front of you. Thank you!

10. 야간비행

중국어

女士们、先生们：

Nǚshìmen, xiānshēngmen:

为了您在旅途中得到良好的休息,

Wèile nín zài lǚtú zhōng dédào liánghǎo de xiūxī,

我们将调暗客舱灯光。请保持客舱安静。

wǒmen jiāng tiáo'àn kècāng dēngguāng. Qǐng bǎochí kècāng ānjìng.

如果您需要阅读,请打开阅读灯。

Rúguǒ nín xūyào yuèdú, qǐng dǎkāi yuèdúdēng.

我们再次提醒您,在睡觉期间请系好安全带。

Wǒmen zàicì tíxǐng nín, zài shuìjiào qījiān qǐng jì hǎo ānquándài.

如果需要帮助,我们很乐意随时为您服务。谢谢!

Rúguǒ xūyào bāngzhù, wǒmen hěn lèyì suíshí wèi nín fúwù. Xièxie!

한국어

손님 여러분,

여러분의 휴식을 위하여 기내 조명을 낮추도록 하겠습니다. 책을 읽으시려면 기내 독서등을 켜주시기 바랍니다. 안전을 위해 비행 도중에는 좌석벨트를 매시기 바랍니다. 그리고 기내 정숙을 위해 협조해 주시기 바랍니다. 도움이 필요하시면 저희 승무원을 불러주십시오. 감사합니다.

영어

Ladies and Gentlemen:

To ensure a good rest for you, we will be dimming the cabin lights. If you wish to read, please turn on the reading light.

Because your safety is our primary concern, we strongly recommend you to keep your seat belt fastened throughout the flight.

Your cooperation in keeping the cabin quiet is appreciated. Should you need any assistance, please contact us. Thank you!

11. 기내요동(turbulence)

중국어

女士们、先生们 :

Nǚshimen, xiānshēngmen:

请注意！ 受航路气流影响,

Qǐng zhùyì! Shòu hánglù qìliú yǐngxiǎng,

我们的飞机正在颠簸,

wǒmen de fēijī zhèngzài diānbō,

(我们的飞机正经过一段气流不稳定区,

(wǒmen de fēijī zhèng jīngguò yí duàn qìliú bù wěndìng qū,

将有持续的颠簸)

jiāng yǒu chíxù de diānbō)

请您尽快就座, 系好安全带。

qǐng nín jǐnkuài jiùzuò, jì hǎo ānquándài.

颠簸期间, 为了您的安全,

Diānbō qījiān, wèile nín de ānquán,

洗手间将暂停使用,

xǐshǒujiān jiāng zàntíng shǐyòng,

同时, 我们也将暂停客舱服务。

tóngshí, wǒmen yě jiāng zǎn tíng kècāng fúwù.

正在用餐的旅客,

Zhèngzài yòngcān de lǚkè,

请当心餐饮烫伤或弄脏衣物, 谢谢！

qǐng dāngxīn tàng shāng huò nòng zāng yīwù, xièxie!

한국어

손님 여러분,

항공기가 흔들리고 있습니다. 되도록이면 좌석에 앉으셔서 벨트를 매어주시기 바랍니다. (식사하는 동안 유의해 주시기 바라며) 지금 현재로는 식사서비스를 할 수 없으니 양해해 주시기 바랍니다. 감사합니다.

영어

Ladies and Gentlemen:

Our aircraft is experiencing some turbulence. Please be seated as soon as possible, fasten your seat belt. Do not use the lavatories. And we regret that we are unable to serve you at this time. (Please watch out while taking meals). Thank you!

12. 도착예정 안내방송

중국어

女士们、先生们：

Nǚshìmen, xiānshēngmen:

我们的飞机预计在当地时间

wǒmen de fēijī yùjì zài dāngdì shíjiān

____月 ____日____点 ____分到达 ____机场，

____yuè ____rì ____diǎn ____fēn dàodá ____jīchǎng,

当地时间比北京时间早/晚 ____小时。

dāngdì shíjiān bǐ Běijīng shíjiān zǎo/wǎn ____xiǎoshí.

根据现在收到的气象预报，

Gēnjù xiànzài shōudào de qìxiàng yùbào,

当地的地面温度为 ____，

dāngdì de dìmiàn wēndù wéi ____,

飞机即将进入下降阶段，

fēijī jíjiāng jìnrù xiàjiàng jiēduàn,

我们将停止节目播放，

wǒmen jiāng tíngzhǐ jiémù bōfàng,

谢谢您的欣赏。

xièxie nín de xīnshǎng.

请您将耳机和使用过的毛毯准备好，

Qǐng nín jiāng ěrjī hé shǐyòng guò de máotǎn zhǔnbèi hǎo,

乘务员将前来收取。谢谢！

chéngwùyuán jiāng qiánlái shōuqǔ. Xièxie!

한국어

손님 여러분,

잠시 후 ___공항에 도착하겠습니다. 지금 현재시간은 ___일 ___시입니다. 이곳의 기온은 섭씨___도 (화씨 ___도)입니다. 곧 도착할 예정이니 승무원에게 사용한 헤드셋과 담요를 건네주시기 바랍니다. 여러분의 협조에 감사합니다.

영어

Ladies and Gentlemen:

We will be landing soon at ___airport at ___.

___ of ___(date) by the local time, which ____ hours ahead / behind Beijing time. The ground temperature is ___degree Celsius (or degrees Fahrenheit).

We will start our final descent soon. (and we hope you have enjoyed our in___flight entertainment program.) Please have your (headsets and) blanket ready for collection by your flight attendant. Thank you for your assistance!

13. 각국 검역규정

중국어

女士们、先生们 : 根据____国检疫规定,

Nǚshìmen, xiānshēngmen: Gēnjù ___guó de jiǎnyì guīdìng,

在____入境的旅客不能随身携带新鲜水果、

zài_ rùjìng de lǚkè bù néng suíshēn xiédài xīnxiān shuǐguǒ、

肉类、植物及鲜花等。

ròulèi、zhíwú jí xiānhuā děng.

如果您已带上飞机, 请您在着陆前处理完,

Rúguǒ nín yǐ dài shang fēijī, qǐng nín zài zhuólù qián chǔlǐ wán,

或交给乘务员处理。谢谢 !

huò jiāogěi chéngwùyuán chǔlǐ. Xièxie!

한국어

손님 여러분,

검역규정에 의해 과일, 꽃, 육류를 가지고 들어갈 수가 없으니 착륙 전 저희 승무원에게 주시거나 버려주시기 바랍니다. 감사합니다.

영어

Ladies and Gentlemen:

According to the ___quarantine regulations, passengers may not bring in fresh fruits, cut flowers, plants or meat products. Passengers who are in possession of such items are kindly requested to dispose of them or present them to any flight attendant before landing. Thank you!

14. 스프레이 살포

중국어

女士们、先生们：根据 ____ 政府的要求，

Nǚshìmen, xiānshēngmen: Gēnjù ____ zhèngfǔ de yāoqiú,

我们将对本架飞机喷洒药物。

wǒmen jiāng duì běnjià fēijī pēnsǎ yàowù.

如果您对喷洒药物有过敏反应，

Rúguó nín duì pēnsǎ yàowù yǒu guòmǐn fǎnyìng,

我们建议您在喷药时用手绢捂住口鼻。

wǒmen jiànyì nín zài pēnyào shí yòng shǒujuàn wǒ zhù kǒubí.

谢谢！

Xièxie!

한국어

손님 여러분,

이곳 정부의 요청으로 방충을 위한 스프레이를 살포하도록 하겠습니다. 무독성 제품에도 민감한 손님께서는 코와 입에 손수건이나 냅킨을 이용해 주시기 바랍니다. 감사합니다.

영어

Ladies and Gentlemen:

As required by the ____government, we will be spraying the cabin against insects infestation. If you are sensitive to this non–toxic spray, we recommend that you place a handkerchief or napkin over your nose and mouth during the spraying.

15. 하강 시 안전검사

중국어

女士们、先生们 : 现在飞机已经开始下降。
Nǚshìmen, xiānshēngmen : Xiànzài fēijī yǐjīng kāishǐ xiàjiàng.

请您配合我们的安全检查，系好安全带，
Qǐng nín pèihé wǒmen de ānquán jiǎnchá, jì hǎo ānquándài,

收起小桌板，调直座椅靠背，
shōuqǐ xiǎozhuōbǎn, tiáozhí zuòyǐ kàobèi,

靠窗的旅客请协助将遮光板打开。
kào chuāng de lǚkè qǐng xiézhù jiāng zhēguāngbǎn dǎkāi.

请您关闭手提电脑及遥控电子设备，
Qǐng nín guānbì shǒutí diànnǎo jí yáokòng diànzǐ shèbèi,

并确认手提物品已妥善安放。
bìng quèrèn shǒutí wùpǐn yǐ tuǒshàn ānfàng.

同时我们还要提醒您，
Tóngshí wǒmen hái yào tíxǐng nín,

在飞机着陆及滑行期间，
zài fēijī zhuólù jí huáxíng qījiān,

请不要开启行李架提拿行李物品。
qǐng búyào kāiqǐ xínglǐjià tíná xínglǐ wùpǐn.

稍后，我们将调暗客舱灯光。谢谢！
Shāohòu, wǒmen jiāng tiáo' àn kècāng dēngguāng. Xièxie!

한국어

손님 여러분,

마지막 하강을 시작하오니 좌석에서 벨트를 매어주시기 바랍니다. 좌석등받이와 테이블은 제자리로 해주시기 바랍니다. 창문 쪽에 앉아 계시는 손님께서는 저희를 도와서 창문커튼을 올려주시기 바랍니다.

노트북과 전자제품은 지금부터 꺼주시고 휴대수하물은 안전하게 보관해 주시기 바랍니다. 여러분의 안전을 위해 착륙과 활주로에서 머리 위 선반을 열지 마시기 바랍니다. (착륙을 위해 기내조명은 낮추도록 하겠습니다.) 감사합니다.

영어

Ladies and Gentlemen :

We are beginning our final descent. Please take your seat and fasten your seat belt. Seat backs and tray tables should be returned to upright position. If you are sitting beside a window, please help us by putting up the sunshades.

All laptop computers and electronic devices should be turned off at this time and please make sure that carry-on items are securely stowed. And for your safety, we kindly remind you that during the landing and taxiing, please do not open the overhead bin. (We will be dimming the cabin lights for landing). Thank you!

16. 도중착륙

女士们、先生们：

Nǚshìmen, xiānshengmen:

我们的飞机已经降落在本次航班的中途站___机场,

wǒmen de fēijī yǐjīng jiàngluò zài běncì hángbān de zhōngtúzhàn ___jīchǎng,

外面的温度为___。

wàimiàn de wēndù wéi___.

飞机还需要滑行一段时间,

Fēijī hái xūyào huáxíng yí duàn shíjiān,

请保持安全带扣好, 不要打开手提电脑。

qǐng bǎochí ānquándài kòu hǎo, bú yào dǎkāi shǒutí diànnǎo.

等飞机安全停稳后, 请您小心开启行李架,

Děng fēijī ānquán tíngwěn hòu, qǐng nín xiǎoxīn kāiqǐ xínglǐjià,

以免行李滑落, 发生意外。到达 ___ 的旅客,

yǐmiǎn xínglǐ huáluò, fāshēng yìwài. Dàodá___de lǚkè,

请您准备好护照及全部手提物品到,

qǐng nín zhǔnbèi hǎo hùzhào jí quánbù shǒutí wùpǐn,

到达厅办理入境手续,

dào dàodátīng bànlǐ rùjìng shǒuxù,

您的交运行李请在到达厅领取。

nín de jiāoyùn xínglǐ qǐng zài dàodátīng lǐngqǔ.

继续前往 ＿＿＿ 的旅客请注意：

Jìxū qiánwǎng ＿＿＿ de lǚkè qǐng zhùyì：

飞机在这里大约停留 ＿＿＿ 小时左右。

fēijī zài zhèli dàyuē tíngliú＿＿＿ xiǎoshí zuǒyòu.

当您下飞机时，

Dāngnín xià fēijī shí,

请向地面工作人员领取过站等机牌。

qǐng xiàng dìmiàn gōngzuò rényuán lǐngqǔ guòzhàn děngjīpái.

请您在本站办理出（入)境及检疫手续。

Qǐng nín zài běn zhàn bànlǐ chū(rù)jìng jiǎnyì shǒuxù.

根据中华人民共和国海关规定，

Gēnjù ZhōngHuá RénMín GòngHéGuó hǎiguān guīdìng,

请将您的全部手提物品带下飞机，

qǐng jiāng nín de quán bù shǒutí wùpǐn dàixià fēijī,

接受海关检查。

jiēshòu hǎiguān jiǎnchá.

对遗留在飞机上的、未经海关检查的行李物品，

Duì yíliú zài fēijī shang de、wèijīng hǎiguān jiǎnchá de xínglǐ wùpǐn,

将由海关人员处理。

jiāng yóu hǎiguān rényuán chǔlǐ.

(国际段：交运行李的海关手续将在 ＿＿＿ 办理。)

(guójìduàn：jiāyùn xínglǐ de hǎiguān shǒuxù jiāng zài ＿＿＿ bànlǐ.)

(我们将在 ＿＿更换机组。)

(wǒmen jiāng zài ＿＿gēnghuàn jīzǔ.)

感谢您与我们共同度过这段美好的行程！

Gǎnxiè nín yǔ wǒmen gòngtóng dùguò zhèduàn měihǎo de xíngchéng!

我们再次感谢您在航班延误时对我们工作的理解与配合。

Wǒmen zàicì gǎnxiè nín zài hángbān yánwù shí duì wǒmen gōngzuò de lǐjiě yǔ pèihé.

한국어

손님 여러분,

저희는 ＿＿공항에 착륙하였습니다. 밖의 온도는 섭씨 ＿＿도, 화씨 ＿＿도입니다. 비행기가 완전히 멈출 때까지 좌석에 앉아 계시기 바라며 머리 위 선반을 열 때는 주의해 주시기 바랍니다. 하기하실 때는 입국 시 필요한 서류와 여권, 소지하신 물품을 확인해 주시기 바랍니다. 여러분의 수하물은 수하물벨트에서 찾으시기 바랍니다.

＿＿까지 연결해서 가시는 손님 여러분께서는 여기 공항에서 약 ＿＿정도 머무를 예정이니 기내에서 대기해 주시기 바랍니다.

내리시고자 할 때는 지상 직원들로부터 트렌짓카드(도중체류)를 받으시고, 입국서류와 검역서류를 작성해 주시기 바랍니다. 세관규정에 의해 중국인은 세관을 통과할 때 모든 수하물을 지참하시기 바라며 기내에 남겨진 짐들은 세관에게 건네집니다. (여기에서 승무원 교체가 있겠습니다.)(비행기기 연착되어 다시 한번 사과의 말씀을 드립니다.) 탑승해 주셔서 감사드리며 이곳에서 즐거운 시간 되시기 바랍니다.

Ladies and Gentlemen:

We have just landed at ____airport. The temperature outside is ____degrees Celsius (or ____degrees Fahrenheit).

Please remain seated until our aircraft stops completely. Please use caution when retrieving items from the overhead bin.

Passengers leaving the aircraft at this airport, please take your passport and all your belongings to complete the entry formalities in the terminal. Your checked baggage may be claimed in the baggage claim area.

Passengers continuing to____, attention please! The aircraft will stay here for about____hour(s).

When you disembark, please get your transit card from the ground staff, and complete your entry formalities (exit formalities) and quarantine here.

According to Customs regulations of the People' s Republic of China, please take all carry－on items with you when you go through Customs. Any baggage left on board will be handed by the Customs.

(Your crew will be changing here.) (Once again, we apologize for the delay of your flight.) Thank you for flying with us. Have a pleasant day!

중국어

女士们、先生们：欢迎您来到 ____ ！

Nǚshìmen, xiānshēngmen: Huānyíng nín láidào ____ !

当地时间是 ____月 ___日___点 ___分，

Dāngdì shíjiān shì ____yuè ___rì ___diǎn ___fēn,

现在机舱外面的温度是 ____。

xiànzài jīcāng wàimiàn de wēndù shì ___.

飞机还需要滑行一段时间，

Fēijī hái xūyào huáxíng yí duàn shíjiān,

请保持安全带扣好，

qǐng bǎochí ānquándài kòu hǎo,

不要打开手提电话。等飞机完全停稳后，

bú yào dǎkāi shǒutí diànhuà. Děng fēijī wánquán tíng wěn hòu,

请您小心开启行李架，以免行李滑落发生意外。

qǐng nín xiǎoxīn kāiqǐ xínglǐjià, yǐmiǎn xínglǐ huáluò fāshēng yìwài.

下飞机时请带好您的护照及全部行李物品到到达厅办理入境手续。

Xià fēijī shí qǐng dài hǎo nín de hùzhào jí quánbù xínglǐ wùpǐn dào dàodátīng bànlǐ rùjìng shǒuxù.

您的交运行李请在到达厅领取。

Nín de jiāoyùn xínglǐ qǐng zài dàodátīng lǐngqǔ.

感谢您选择○○○航空公司航班。

Gǎnxiè nín xuǎnzé ○○○ hángkōng gōngsī hángbān.

我们期待再次与您相会,

Wǒmen qīdài zàicì yǔ nín xiānghuì,

愿○○○航成为您永远的朋友!

yuàn ○○○ háng chéngwéi nín yǒngyuǎn de péngyǒu!

한국어

손님 여러분,

저희 비행기는 지금 ＿＿공항에 착륙했습니다. 여기 현지시간은 ＿＿이며 기온은 섭씨＿＿도, 화씨 ＿＿도입니다.

비행기가 완전히 멈출 때까지 좌석에 앉아 계시기 바라며 머리 위 선반에서 짐을 내리실 때는 떨어지지 않도록 주의해 주시기 바랍니다. 내리실 때는 모든 짐을 가지고 내리시고 수하물은 수하물벨트에서 찾으시기 바랍니다.

저희 ○○항공을 탑승해 주셔서 감사드리며, 기내에서 다시 뵙게 되기를 기대하겠습니다. 감사합니다.

Ladies and Gentlemen:

We have just landed at ____airport. It is ____of____(date) by the local time. The temperature outside is ____degrees Celsius (or ____degrees Fahrenheit).

Please remain seated until our aircraft stops completely. Please use caution when retrieving items from the overhead bin.

When you disembark, please take all your belongings. Your checked baggage may be claimed in the baggage claim area.

Thank you for choosing ○○Airlines (and ○○Airlines). It has been a pleasure looking after you and we hope to see you again.

중국어

女士们、先生们：
Nǚshìmen, xiānshēngmen:

我们的飞机已经降落在首尔仁川国际机场，
wǒmen de fēijī yǐjīng jiàngluò zài Shǒu' ěr Rénchuān guójì jīchǎng,

当地时间是＿＿点＿＿分，外面的温度是＿＿。
dāngdì shíjiān shì ＿＿diǎn ＿＿fēn, wàimiàn de wēndù shì ＿＿.

飞机还需要滑行一段时间，请保持安全带扣好，
Fēijī hái xūyào huáxíng yí duàn shíjiān, qǐng bǎochí ānquándài kòu hǎo,

不要打开手机。等飞机完全停稳后，
búyào dǎkāi shǒujī. Děng fēijī wánquán tíng wěn hòu,

请您小心开启行李架，以免行李滑落发生意外。
qǐng nín xiǎoxīn kāiqǐ xínglǐjià, yǐmiǎn xínglǐ huáluò fāshēng yìwài.

如有旅客携带种子、秧苗、鲜水果和蔬菜、
Rúyǒu lǚkè xiédài zhǒngzi, yāngmiáo, xiān shuǐguǒ hé shūcài,

鲜花及球茎等植物，下机后请向国际植物检疫部申报。
xiānhuā jí qiújìng děng zhíwù, xiàjī hòu qǐng xiàng guójì zhíwù jiǎnyìbù shēnbào.

另外, 旅客朋友们不得携带韩国政府规定的违禁药品及肉类食品入境。
Lìngwài, lǚkè péngyǒumen bù dé xiédài HánGuó zhèngfǔ guīdìng de wéijìn yàopǐn

jí ròulèi shípǐn rùjìng.

如有携带一万美元以上外汇的旅客，

Rúyǒu xiédài yí wàn měiyuán yǐshàng wàihuì de lǚkè,

须向海关申报。

xū xiàng hǎiguān shēnbào.

下飞机时请带好您的护照及全部手提物品，

Xià fēijī shí qǐng dài hǎo nín de hùzhào jí quánbù shǒutí wùpǐn,

到候机厅办理入境手续。

dào hòujītīng bànlǐ rùjìng shǒuxù.

您的交运行李请在到达厅领取。

Nín de jiāoyùn xínglǐ qǐng zài dàodátīng lǐngqǔ.

(需从本站转乘飞机去其它地方的旅客，

(xū cóng běn zhàn chéng fēijī qù qítā dìfāng de lǚkè,

请到候机厅中转柜台办理。)

qǐng dào hòujītīng zhōngzhuǎn guìtái bànlǐ.)

感谢您选择〇〇〇航空公司航班。

Gǎnxiè nín xuǎnzé 〇〇〇 hángkōng gōngsī hángbān.

我们期待再次与您相会，

Wǒmen qīdài zàicì yǔ nín xiānghuì,

愿〇〇〇航成为您永远的朋友！

yuàn 〇〇〇 háng chéngwéi nín yǒngyuǎn de péngyǒu!

한국어

손님 여러분,

서울 인천국제공항에 오신 것을 환영합니다.

이곳의 현지시간은 ___시이며 기온은 섭씨 ___도입니다. (화씨 ___도입니다.)

비행기가 완전히 멈출 때까지 좌석에 앉아 계시기 바라며 머리 위 선반에서 짐을 내리실 때는 떨어지지 않도록 주의해 주시기 바랍니다.

씨앗, 과일, 꽃, 총알 등을 소지하신 분은 공항 검역에 신고해 주시기 바라며 미화 10,000달러 이상 소지하신 손님께서는 세관에 신고해 주시기 바랍니다.

내리실 때는 모든 짐을 가지고 내리시고 수하물은 수하물벨트에서 찾으시기 바랍니다. (이곳에서 환승하시는 손님께서는 터미널의 환승 카운터에서 수속해 주시기 바랍니다.)

(도착이 지연되어 다시 한번 사과말씀 드리니 양해해 주시기 바랍니다.)

저희 ○○항공을 탑승해 주셔서 감사드리며, 기내에서 다시 뵙게 되기를 기대하겠습니다. 감사합니다.

Ladies and Gentlemen :

Welcome to Seoul Incheon International Airport. The local time is ____am (pm). The temperature outside is _____degrees Celsius (or ____degree Fahrenheit).

Please remain seated until our aircraft stops completely. Please use caution when retrieving items from the overhead bin.

Passengers carrying any plants including seeds, seedlings, fresh fruits, vegetables, flowers and bulls are required to declare them with the Airport Quarantine Office. Those who carry more than 10 Thousand U.S. dollars or equipment amount of foreign currencies are required to declare it with the Customs.

When you disembark, please take all your belongings. Your checked baggage may be claimed in the baggage claim area. (Passengers with connecting flights, please go to the transfer counter in the terminal.)

(Once again, we apologize for the delay of our flight. We thank you for your cooperation and understanding.)

Thank you for choosing China Southern Airlines (and _____Airlines). It has been a pleasure looking after you and we hope to see you again.

항공중국어

저자 소개

이동희 (李东姬)

현재, 호남대학교 항공서비스학과 학과장/교수
dhlee@honam.ac.kr

• **주요 경력**
아시아나항공 국제선 사무장
미국 샌디에이고 하얏트리젠시호텔 마케팅팀
광주여자대학교 항공서비스학과장/교수

• **학 력**
계명대학교 관광경영학과 학사
미국 샌디에이고 주립대학교
Travel, Tourism & Hospitality Management [Professional Certificate]
세종대학교 대학원 호텔관광경영학과 석사
경희대학교 대학원 관광학과 관광학 박사

녕수연 (宁秀艳)

현재, 인하공업전문대학 어학교양학부 교수
caillos@inhatc.ac.kr

• **주요 경력**
中国 浙江旅游职业学院 国际教育学院 讲师
호남대학교 중국어학과 교수

• **학 력**
中国 延边大学 观光经营学科 专门学士
中国 延边大学 大学院 历史学科 硕士
호남대학교 대학원 관광경영학과 관광경영학 박사

저자와의
합의하에
인지첩부
생략

항공중국어

2015년 3월 1일 초 판 1쇄 발행
2023년 1월 15일 개정판 2쇄 발행

지은이 이동희 · 녕수연
펴낸이 진욱상
펴낸곳 백산출판사
교   정 편집부
본문디자인 오행복
표지디자인 오정은

등   록 1974년 1월 9일 제406-1974-000001호
주   소 경기도 파주시 회동길 370(백산빌딩 3층)
전   화 02-914-1621(代)
팩   스 031-955-9911
이메일 edit@ibaeksan.kr
홈페이지 www.ibaeksan.kr

ISBN 979-11-5763-053-0 93720
값 20,000원